V2新書

奇妙な日本語「教育を受ける権利」誕生・信奉と問題

田中萬年

JN122703

日本国憲法

第三章　国民の権利及び義務

第二十六条　すべて国民は、法律の定めるところにより、その能力に応じて、ひとしく**教育を受ける権利**を有する。

すべて国民は、法律の定めるところにより、その保護する子女に普通教育を受けさせる義務を負う。義務教育はこれを無償とする。

はじめに

「奇妙」とは本来〝すぐれておもしろいこと〟の意とのことですが、近年の「奇妙な日本語」について作家の野村正樹氏が政府関係者の言葉を取り上げています。その一つとして、「ボランティアの義務化」について次のように述べています。

「ボランティア」とは、あくまでも本人が「自発的」にやるもので「義務」という概念とは異質なはず。この言葉も、取り方次第では限りなく「強制労働」に近いかもしれない？

野村氏の異議は誰もがもっともだと思うでしょう。ここで、義務と強制の関係については6章に紹介するマッカーサー草案の訳に関係しますので記憶しておいて下さい。

極く最近では、「募集」と「募る」は意味が違うと言うのがあります。また、誰でも分かる日本語の法文を政治家が「解釈」すれば全く逆な意味になると言い張っています。そして、聞き手が「誤解している」と国民が悪いかのように言い逃れます。このように、近年の日本語の乱れは若者からではなく政治の中枢で生じているのです。

しかし、本書で問題とするのはそのような無責任な政治家が用いるごまかしの言葉ではありません。

本書で問題とする「奇妙な日本語」は誰もが知っている、しかし、誰も疑わなかった言葉であり、「日本国憲法」に存在している「教育を受ける権利」です。

日本国民は教育を受けてきました。そのため、「教育」を知らない人はいません。そのためか「教育を受ける権利」を疑う人はいませんでした。そして、専門家である戦後の教育学者・研究者は「教育を受ける権利」を前提として研究を蓄積してきました。このため、「教育を受ける権利」への批判は寡聞にして知りません。

ところが、コロナウイルス禍が騒がれ始めた頃、全く存じ上げないNさんから次の文を冒頭に記したメールが送られてきました。

かねてから「日本国憲法」の「教育を受ける権利」が受動態でおかしいと思っておりましたところ、……先生の貴著に出会いやっと昨日読み終えましたので、深謝申し上げ、ご報告いたします。

「教育を受ける権利」を奇異に感じられる人もおられるのだ、と思いメールを読み進めると、Nさんは虚弱未熟児という生を受け、中学校では腎臓病を併発し普通の人のように学校教育を受けられなかったが一生懸命に生きて来られた。学習を諦めず、例えば英語は名画座を回数券でセリフを暗記するように観て楽しんで学習し、やがて看護師として勤務された。種々の活動を経て退職後は地域の人々と共生する一般財団法人を仲間と設立し、今は責任者として活動されているとのことです。拙著の『働くための学習』を購読してメールを下さったのです。副題の「『教育基本法』ではなく『学習基本法』を」に興味を持たれたものと思われます。

Nさんのように、一般的には〃苦労して〃学習を続けた人だから「教育を受ける権利」の奇妙な語意を自然に感じられたのだと思います。逆にいえば、普通に教育を受けていては「教育を受ける権利」が奇妙だということを実感しないのかも知れません。

しかし、若い人でもちょっとしたヒントを与えると考えてくれます。やや前の話になりますが職業能力開発総合大学校での一年生への講義「職業能力開発制度」の一コマに対する一〇〇字感想で、ある学生が次のように書いていました。

> 学校教育を12年受けてきて良く言われることに受け身ではなくて考えろということがある。しかし、「教育を受ける権利」を忠実に実行すれば100％受け身となる。そう考えると矛盾していると考えてしまう。「考える人間」を育てたいと日本が思うなら今一度この制度について議論が必要なのではないか？

右の感想は極めて本質的です。ここにわが国の教育問題の根源があると言えます。

最近主張されている「生徒主体」とのスローガンや「主体的に関わるように」との〃期待〃も同じでしょう。「教育を受ける権利」を前提にしては成り立たない論だと言えます。

教育への意見は様々にあります。それは教育を全国民が受けているからです。その教育を受けた体験から教育への持論を述べるのは自由であり、権利です。専門家でない者の意見が多すぎる、との批判もありますが、それこそ〃戦後教育〃が目指していたことに反します。

しかし、専門家の教育研究者であっても「教育」を前提として、「教育を受ける権利」を守る立場であれば、Nさんや、右の学生のような疑問は出ないでしょう。しかもその「教育」を定義しないで持論を展開されている著作がほとんどであり、教育の専門で無い者が国語辞書の定義を当てはめると理解できないことが多いのです。何故なら、「教育を受ける権利」は〃他人が行う教育を受けさせられる権利〃と同じだからです。

また、持論の教育論を立場や権力を悪用して、自分に都合の良いように利用しようとする人もいます。自分の考えに隷属させようと教育したがっているのです。しかし、その人達は自身の子弟には国民に強いるのとは別な教育を施しているものです。このことは、我が国の道徳が「教育勅語」以後、ノーブレス・オブリージ（貴人の義務）やエリート（選ばれた者）の義務を説かない、下の者、庶民だけに求める徳目となっているからです。故ダイアナ妃が世界の人々から今でも敬愛されているのはノーブレス・オブリージを実践されていたからだと思います。

そのような、他人に利用されるための教育を受けたいとは誰も思わないでしょう。しかし、このことがわが国では合法的に行われています。この問題は「日本国憲法」に規定されている「教育を受ける権利」に依って法体系が作られているからです。このことに疑問を挟む人はNさん等を除きほとんどいないようです。

戦後の教育学はこの論理を前提にして研究されてきました。確かに「教育基本法」には「教育は、不当な支配に服することなく、……公正かつ適正に行われなければならない。」と記されていますが、為政者が指示することが「正当」で「公正」だ、となります。そのため、国語辞典に定義されている「教育」の定義で考えれば、自然に社会的〃上位〃にある人たちは、自分の部下や自分よりも下にいる人々を「教育してやろう」と考えるのです。それは教化と区別することが困難です。

コロナウイルス感染が問題となった時、安倍首相が専門家の意見も聞かず唐突に全国一斉に学校の休校を打ち出したことに関して、「明日の自由を守る若手弁護士の会」が二〇二〇年三月二三日に次の文をツイットしていました。

さらに「教育を受ける権利」(26条)は、子どもを「大人と国家にとって都合のいい国民を育てる教育」から守ります。憲法はそのような思想教育や洗脳を許しません。公教育で教育勅語の暗記とか「●●首相バンザイ」とか、大人の支配欲を満たすためだけの生活指導とか、そんな教育は許されないのです。

法を守る弁護士集団も「教育を受ける権利」についての認識はその言葉にとどまっていることが分かります。いや、法を守る弁護士だからです。

そこで、私は右のツイートに対し三月二七日に次のようにリツイートしました

意図は分かりますが、論理的に整合していないと思います。

「教育」は元来「大人と国家にとって都合のいい国民を育てる教育」のはずです。思想教育や洗脳になる事を近年の教育改革が示しています。そのような「教育を受ける権利」では子どもを守ることは出来ません。


安倍首相が唐突に学校の一斎休校を指示したのは、号令を掛けてすぐ動く権威を示せるのは教育だけだったからでしょう。

里見実氏は次のように述べています。


学生たちのレポートを読んでいて、一つ、気になることがあった。「教育」「教育する」という言葉が、頻繁に出てくることだ。……「教師は生徒を教育する存在であり、かれらにナメられないように、すべからく威厳をもたねばならない」といった文脈で、しばしば

「教育」という言葉が飛び出してくるのである。

里見氏が危惧するように、教師になろうとする者の意識に既に上の立場から生徒・子どもを「教育してやろう」と考えている観念が根付いているのです。裏返せば生徒達は「教育を受ける者だ」との考えです。子どもを「教育してやろう」、生徒は「教育を受ける者だ」の考えには子ども達の個性への配慮は起きません。

最近の問題として議論されている国民の〝生きづらさ〟はそのような「教育を受ける権利」が波及して個性が無視された人間関係が形成されているからであり、その結果として〝いじめ〟や不登校が生じているのだと思います。個性が尊重されないことは個人の人権が無視されていることになります。人権が抑圧されていては〝生きやすさ〟は生まれないでしょう。

戦後教育の理念ともなった「教育を受ける権利」を誰もこれまで疑いませんでした。Nさんや先の学生の感想は一つの論理であり、現実は異なるとして右の問題情況を看過することは事の本質を見誤ることになります。なぜなら、論理は意識に反映しますし、その意識が現実の教育を運営しているからです。また逆に、国民の意識が論理を形成しているとも言え、いずれにしろ人権論にとって検討すべき課題だと言えます。

問題は、現在の教育が望ましく都合が良いので、改革を渋る人もいます。それらの人は、教育によって一定の社会的成功者となっている人たちです。成功者は不運な人たちを彼等の努力が足りなかったのだと自己責任論を主張します。二〇一九年の一〇月末、大学入試に民間の英語検定を利用することを発表したとき、萩生田文部大臣が「自分の身の丈に合わせて、2回をきちんと選んで勝負して頑張ってもらえれば」と発言した事はその典型です。

萩生田大臣の発言はあまりにも単純だったので反論を受け撤回しましたが、「教育を受ける権利」の下では、この自己責任論はもっともらしく、不運者・被害者は反論しにくいのです。不登校者と彼等の家族はその代表です。Nさんのように気づくことさえ無いのではないでしょうか。

しかし、誰もが信用して来たこととは、逆に言えば凡ての国民が誤解して来たのですが、その誤解は国民自身が考えた結果ではないので、国民は騙されてきたことになります。平和憲法に規定された「教育を受ける権利」に問題は無いはず、と呪縛されて来たのです。

政治学者の小室直樹氏は氏の著書の「第三章　『戦後教育』こそ民主主義の敵」のまとめとして、(第十三条の「個人の尊重」が重要な)「憲法を活かすためには、まず現在の教育を考え直すところから始めなければ、今の日本はけっして再生することはないのである。」と記していますが、「日本国憲法」の法規範的問題の指摘はありません。つまり、「教育」の概念についても、「教育を受ける権利」についても全く触れていません。現実の教育問題に警鐘を鳴らすのは良いとは思いますが、氏の指摘では根本の課題が解明されません。

法は人間が作ったもので完全なものなどありません。憲法も同じでしょう。「不磨の大典」

と言われたのは「大日本帝国憲法」の時代です。教育史学会も「憲法や教育基本法は、時代の状況に応じて変えることが可能です。」としています。憲法は金科玉条でも不磨の大典でもありません。学生が記したように問題があれば直せば良いし、直すべきです。

憲法研究者の佐藤幸治氏が、「良かれ悪しかれ、戦後日本国憲法学には、こういう青年の青臭さみたいなものが漂っている。……戦後憲法学は、あまりに明るいところから、あるいは高みから、この世界を見ようとしていたところがあるのではないか、それもいいけれども、暗いところからこの世界を見る、現実の人間の在り方から見るということも必要なのではないか」という述懐にもあるように、憲法論の批判的吟味が必要なことを示しています。Nさんのような立場から、再考すべき事は明らかです。

ただ、改革は、場合によっては自己否定も必要な場合があります。僭越ですが、私の講義を聴いて、当時、毎年何人かの学生が、〝今まで受けてきた一二年間の教育とは何だったのだろう〟との感想を記していました。

しかし、戦後の教育学は自己批判・相互批判をせず、むしろ国民を迷わす「教育権」等の教育関連用語の乱造と創作により戦後の国民の知性的アイデンティティーの覚醒を滞らせてきたと言えます。これでは、国民が国民に主権があることを自覚することも困難になります。

その根源は国民主権、国民平等の下で奇妙な「教育を受ける権利」が何故に「日本国憲法」に規定されたかの問題を解明をせず、逆に「教育を受ける権利」を賞賛して来たことにあります。教育を受ける国民がいるということは教育をする者がいることになります。国民が平等の下でどのような国民がどのような国民に教育をする資格があるのでしょうか。それは身分の差があることを前提にしていることになります。幾度も気付く機会があったこの問題を不問にして国民に伏せてきたことに戦後教育学の過ちがあると言えるのです。

そこで、本書は戦後教育学の過失を特に大きな十個に整理します。本書で示す過失は、教育学の三好信浩先生に「労働者サイドの職業教育訓練から出た」と評される私だから論うのではなく、教育に関心ある人は同様な疑問を持つと思います。その疑問の背景を知ることは今日の教育問題を紐解く糸口になると考えます。そして、そのような「教育を受ける権利」への信奉がもたらした結果として派生している三大問題を例示しますが、これらを解く鍵も見つかると考えます。

本書が今日の教育問題を考える素材になれば幸いです。

奇妙な日本語「教育を受ける権利」—誕生・信奉と問題—

目　次

第三編　派生している問題

コラム

第一編　「教育を受ける権利」の誕生

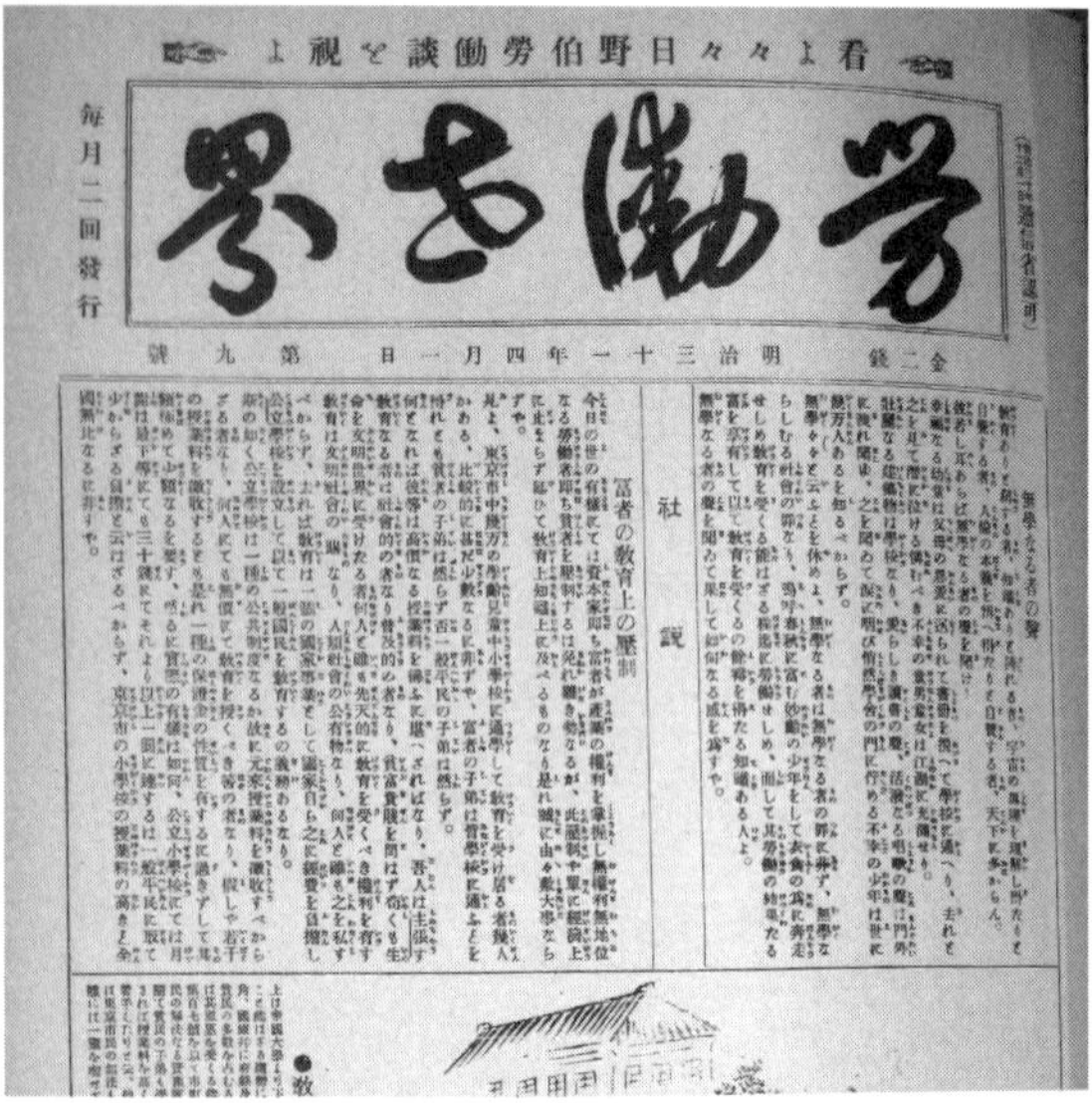

看よ々日野伯労働談を視よ

毎月二回發行

勞働世界

金二錢　明治三十一年四月一日　第九號

無學なる者の聲

敎育ありて熟する者、知識ありて誇れる者、宇宙の眞理を理解し得たりとて自覺する者、人類の本義を捉へ得たりとて自覺する者、天下に多からん。

彼若し耳あらば無學なる者の聲を聞け。

幸福なる幼童は父母の慈愛に送られて書冊を携へて學校に通へり、去れど之を見て傍に泣ける憐むべき不幸の貧男貧女は江湖に充滿せり。

壯麗なる建築物は學校なり、更らに讀書の聲、活潑なる唱歌の聲は門外に洩れ聞ゆ、之を聞きて涙に咽び悄然學舍の門に佇める不幸の少年は世に幾万人あるを知るべからず。

無學々々と云ふことを休めよ、無學なる者は無學なる者の罪に非ず、無學ならしむる社會の罪なり、嗚呼春秋に富む妙齡の少年をして衣食の爲に奔走せしめ敎育を受くる能はざる境遇に勞働せしめ、而して其勞働の結果たる富を享有して以て敎育を受くるの餘暇を得たる知識ある人よ。

無學なる者の聲を聞きて果して如何なる感を爲すや。

社説

富者の敎育上の壓制

今日の世の有樣にては資本家即ち富者が產業の權利を掌握し無權利無地位なる勞働者即ち貧者を壓制するは免れ難き勢なるが、此壓制や單に經濟上に止まらず延ひて敎育上知識上に及べるものなり是れ誠に由々敷大事ならずや。

見よ、東京市中幾万の學齡兒童中小學校に通學して敎育を受け居る者幾人かある、比較的に甚だ少數なるに非ずや、富者の子弟は皆學校に通ふことを得れども貧者の子弟は然らず否一般平民の子弟は然らず。

何となれば彼等は高價なる授業料を拂ふに堪へざればなり、吾人は主張す敎育なる者は社會的の者なり普及的の者なり、貧富貴賤を問はず苟くも生を文明世界に受けたる者何人と雖も先天的に敎育を受くべき權利を有す

敎育は文明社會の臟なり、人類社會の公有物なり、何人と雖も之を私すべからず、去れば敎育は一個の國家事業として國家自ら之に經營を負擔し公立學校を設立して以て一般國民を敎育するの義務あるなり。

邦の如く公立學校は一種の公共制度なるか故に元來授業料を徵收すべからざる者なり、何人にても無償にて敎育を授くべき筈の者なり、假しや若干の授業料を徵收するとも是れ一種の保證金の性質を有するに過ぎずして其額極めて少額なるを要す、然るに實際の有樣は如何、公立小學校にては月謝は最下等にても三十錢にてそれより以上一圓に達するは一般平民に取て少からざる負擔と云はざるべからず、東京市の小學校の授業料の高きと全國無比なるに非ずや。

58ページ参照

1．「教育」は明治政府の官製語だった

大田堯の述懐

戦後教育学をリードした一人であり昨年亡くなった大田堯氏は、『教育とは何かを問いつづけて』、「教育とは、…ひとをひとにする、人間性を持続させ、かつ豊かに育てるということの一点なんだ。」としていましたが、晩年の『大田堯自撰集成1』の「人間にとって教育とは」において次のように記しています（傍点原著者、傍線引用者）。

educationに中国の古典にある「教育」という言葉をあてたことは、現在からみると「誤訳」だったとも云えよう。いずれにせよ、それが近代国家の体裁をととのえる政権すじからの呼びかけによるものであるから、一般庶民にとっては違和感を伴うのは当然であり、外から、上からの外来語ないし官製語というべきだろう。

同論の初出は『自然と人間の破壊に抗して』ですが、初出の論文には傍線部分の記述はなく、自撰集制作時の補筆であると思われます。しかし、大田氏は官製語の意味や望ましい

"education"の日本語訳、「教育」の英訳を記していません。

大田氏の「教育」は官製語であるという指摘は、極めて重要です。上のような視座から戦後教育の改革がなされていれば、教育は今日とはまた異なった姿を示しているのではないかと思われます。大田氏が詳しく述べていない官製語とは何か、外来語とは何かを本章では明らかにしたいと思います。

「学問」が主に使われていた

わが国の学校制度に関する最初の法令は明治五年に制定された「学制」（略称ではありません）でした。当時、新しい法令の意味を臣民に周知するためには法を公布するだけでなく、ちょうど「日本国憲法」の「前文」のように、法の意義を解説した「学制条文」が同時に発布されました。これに拠りますと、「学制」の「学」とは「がくもん」であり、「学校」は「がくもんじょ」、「学制」とは「がくもんのしかた」でした。つまり、「学制」は「がくもん」の制度に関する法でした。

「学制」は江戸時代に通用していた「学問」を新たに制度化した法令と言え、江戸時代との連続性を感じられます。「勉学」とは学問に勉めることであり、今日でも自然に利用されています。その「学問」とは、江戸時代までは「学文」であり、さらに「文学」も同義でした。福沢諭吉が一八七二（明治5）年から書き始めた『学問のすすめ』とはこのような勉学を奨励した意味であり、今日的には「学習のすすめ」だったのです。

この時期、福沢の「学問」と政府の「学制」は同じ方向を目指していたのです。ちなみに、「学制」の目的は学校の設立構想を述べているのであり、教育をする法令とはなっていないのです。

ちなみに、今日の「学問」のように研究的意味が入ったのは一八八六（明治19）年に文部省の業務を「教育」から「教育学問」と拡大した時からです。

それでは、「教育」とはどのように創られたのでしょうか。

「教育」は〝王の楽しみ〟として創られた

先ず、「教」の偏の「孝」は「子が親につかえること」であり「親が子に指示すること」で

（コラム1）　奇妙な「教育」関連用語：「文部省」

明治初期には民部省、工部省、刑部省、兵部省等が設置されました。これらはその業務内容が分かります。教育を司る省であれば〝教部省〟のはずですが、何故に「文部省」なのでしょうか。

「学制序文」にあったように学問を司る省だったからです。つまり、学問は学文でも有り、その「文」の省だったのです。

では、学問の省からから教育の省になった時に「教部省」に変更しなかったのは何故でしょうか。教育を文部省で司るのは変です。

それは、先に神祇省を改称した「教部省」が設置されていましたので使用できなかったのです。その後も改称せずに現代まで「文部省」を用い、詐称して来たと言えます。

す。そして、旁（つくり）の「攵」はムチの意であり、合わせてムチで「教える」の語義でした。また、「教」とはもともと宗教の意味でした。このような「教」と「育」とを結合して「教育」を創造したのは孟子であり、次のように記しました。

得天下英才而教育之・三楽也

この意味は小林勝人によると「天下の秀才を門人として教育し、これを立派な人物に育て上げることが、第三の楽しみである」です。この時の「教育」は君子（国王）が国を強大にするための方針を議論する文脈であり、今日的な教育でありません。

中国上海出身で日本語教育の研究者であり東大で学位を取られた王智新氏によると、「教育」という言葉は人民のための言葉ではないので中国では永年一般社会では使用されなかったそうです。今日の中国における「教育」の使用は、孟子の「教育」としてではなく、日清戦争後に日本の文明を学ぶために日本から逆移入した多くの和製漢語の一つとして始まったそうです。後に紹介するわが国の教育観が定着した後です。

わが国でも「教育」の言葉は社会的に利用されていませんでした。例えば、歌川派の絵師花里（一寸子）が「文学萬代の寶」と題して寺子屋を描いた浮世絵があります。この絵は、「男女6歳にして席を同じうせず」の諺のように男女別の絵二枚になっています。どちらも子ども達は自由に好きなように学んでいます。絵の背景には「文學萬代の寶」の説明文が記されていますが、読むと寺子屋での学習が「文学」であることがわかります。江戸時代には「文学」は学習の意味だったと言えます。

江戸時代の文書にも「教育」はほとんど使われていませんでした。ではわが国ではどのようにして「教育」が使われるようになったのでしょうか。

「学問」から「教育」への転換

「学制」に代わり、一八七九（明治12）年に「教育令」が公布されました。法令として初めて「教育」が用いられたのです。学問は個人のための言葉です。そのため、学問は富国強兵を目指す臣民の育成には適していませんでした。

「教育令」の第一條から第三條は次のように規定されました。

第一条　全国ノ教育事務ハ文部卿之ヲ統摂ス故ニ学校幼稚園書籍館等ハ公立私立ノ別ナク皆文部卿ノ監督内ニアルヘシ

第二条　学校ハ小学校中学校大学校師範学校専門学校其他各種ノ学校トス

第三条　小学校ハ普通ノ教育ヲ児童ニ授クル所ニシテ其学科ヲ読書習字算術地理歴史修身等ノ初歩トス土地ノ情況ニ随ヒテ罫画唱歌体操等ヲ加ヘ又物理生理博物等ノ大意ヲ加フ

殊ニ女子ノ為ニハ裁縫等ノ科ヲ設クヘシ

右の令により教育は文部卿が統摂し、国家が営むことになりました。

国内でほとんど使われていなかった「教育」を法令に用いたということが大田氏がいう「官制語」だったと言う意味だと分かります。

そして、右の「教育令」を国家の権力により強制力を高めるための改正が行われるのは自然なことでしたが、本書の主題からずれますので省きます。

お勢さんの母親は「学問学問」と言った

それでは、わが国で今日用いられている「教育」はどのように定義されているでしょうか。

ところが、国会図書館の蔵書で調べると、和英辞典は大量に発行されますが、国語辞典の発行は多くありません。デジタルコレクションで探し得た「教育」が記載された最初の辞書は一九一二（明治45）年の『日用大辞典』（吉川弘文館）です。同辞典は「をしへそだつること」と定義しています。

ただ、例外的に文部省の後を受けて編集した木村一歩の『教育辞典』（博文館、一八九三〔明治〕26年）が、「教育 Education」を、「児童ヲ養育スルヿ及ヒ少年ニ施スニ習練、教授ヲ以テシ以テ其能力ノ暢発ヲ誘掖シ其品性ヲ陶造スルヿ」としています。ここでは「能力ノ暢発ヲ誘掖シ」としているように、2章で紹介しますが"education"的に定義しており、「教育勅語」の教育観の意味とも異なり、一般的に使用されていない概念と言えます。

また、「教育」を最初に取り上げた、同年に発行された林曽登吉『新選和英辞書』（細川書房）は"Instruction,education"としていました。

次に戦後の社会で広く利用されている『広辞苑』第一版（昭和30年）は次のように定義しています。

> ①教え育てること。導いて善良ならしめること。人を教えて知識を開くこと。②〔教〕(education) 成熟者が未成熟者に、心身の諸性能を発育させる目的で、一定方法により一定期間継続して及ぼす影響。その作用の主体には家庭・学校・社会・国家その他の別がある。

戦後の定義でも、国家が教育すれば「心身の諸性能を発育させる」ことよりも「教え育てること」・〝成熟者が未成熟者に影響を及ぼすこと〟を重視しているはずです。そして、その後も今日の第七版（二〇一八（平成30）年）まで最も長い期間にわたり変わらずに定義されているのは冒頭の「教え育てること。」です。これが一般的な理解と言えるでしょう。

ところが、第二版（一九六九年）では「人間に他から意図をもって働きかけ、望ましい姿に変化させ、価値を実現する活動。」が追加されます。この規定は「教育」の本来の概念を著しています。このようになったのは、この間の一九五八（昭和33）年にそれまで〝参考書〟であった「学習指導要領」の法令化・国定化があったためと推測されます。「他」とは年齢、知識、地位、権力のより多大な人または組織でしょうが、教育の法制度としての最後の責任は政府でしょう。この規定は第五版（一九九八年）まで踏襲され、四〇年間の間も定義として定められ、わが国の「教育」概念として公認されていると言えます。

「教育は強制である」と言い放つ評論家もいるように、『広辞苑』の定義は広く国民から支持されている事を表しています。それは、岩波書店が編集した『教育をどうする』に寄稿した知識人の中で『広辞苑』の定義を求めたすべての人がそれは妥当だとしていることに現れています。『「広辞苑」の嘘』で辛辣な批判をしている谷沢永一・渡部昇一両氏も「教育」については批判していないので、右の定義は誰もが認めるところでしょう。

なお、右の定義は二〇〇八（平成20）年改訂の第六版では「望ましい知識・技能・規範などの学習を促進する意図的な働きかけの諸活動」となり、「学習を促進する」と受講者を考慮した表現も追加されますが、「意図的な働きかけ」とあるように、誰による、どのような意図なのかが問題であることが分かります。この第六版への改訂を誘因する教育の〝規制緩和〟が一九八〇（昭和55）年度以降から二〇一〇（平成22）年代初期までの〝ゆとり教育〟を考慮しての事と思われますが、実態はむしろ教育の統制化が進んでおり、『広辞苑』第六版の改訂は疑問だといえます。なお、上の新定義は第七版でも変更されていません。

ところで、わが国の教育学研究者が「教育」を定義した教育学辞典は少なく、あっても長文の文学的〝定義〟で簡潔ではなく、要約して紹介することは困難です。

ここで注意すべき事は「教育」を動詞にした「教育する」は他動詞であり、自動詞はないことです。このことが、上の辞典の定義と伴に記憶すべき大事な事と言えます。他動詞は必ず主体と客体の二者が無ければ成立しません。「教育する」の動詞の主体は一般に〝上位の者〟とされます。その場合、最〝上位〟の組織は政府でしょう。

ところが、英英辞典では自動詞と他動詞の"educate"で詳しく解説されています。"educate"には自動詞があることも記憶しておいてください。しかし、国語辞典では「教育する」は出ていません。

以上のように、明治政府が「学問」に変え「教育」を進めたことが大田氏のいう「教育」が官製語であり、外来語であったという意味でした。そうすると、大田氏が、「一般庶民にとっては違和感を伴うのは当然」との指摘の背景の想像は容易です。

庶民は「教育令」施行後もそれまでに使われていた「学問」になじんでいました。言葉の使用は「方言」にみられますように簡単に変わらないからです。

例えば、一八八七（明治二〇）年に発行された二葉亭四迷の『浮雲』は明治の近代化を嘆いた作品ですが、教育を受けていないお勢さんの母親が、お勢さんと結ばれようとしていた大学を卒業しても失業した文三について次のようにお勢さんに言った陰口に表れています。

　フム学問学問とお言いだけれども、立身出世すればこそ学問だ

つまり、一般社会では明治の半ばになっても「教育」ではなく「学問」が使われていたことを示しています。もっとも、教育を受けていたお勢さんは母親のことを「ですがネ、教育のない者ばかり責めるわけにもいけませんヨネー」と「教育」を使っていました。

　ちなみに、〝親が子を教育する〟との言い方も無かったことは当然です。

教育に中立性はない

　「教育基本法」第十六条は「教育は、不当な支配に服することなく…行われるべきもの」としていますが、この規定で国民のための教育の中立性が保障されることはありません。この規定は為政者の行う教育は正当であり、その教育を他の者が批判するのは不当だとしているに過ぎないからです。教育を如何にオブラートで包もうとしても、その本質は（より力の強い）権力をもった「他」者が教える事になることを意味するからです。

　5章で紹介しますが、マッカーサー草案を作るとき、ＧＨＱが日本人の草案として唯一参考にした「憲法草案要綱」を起草した鈴木安蔵は次のように〝教育に中立性は無い〟と言ってい

ます。

（教育は）すべての立場、利害にたいして同じように公平中立普遍的に作用するものではない…。時代々々の一定の国家・社会には、つねに、圧倒的に支配的な利害、世界観が存し、抽象的規定は、主としてそのような利害、世界観、立場において解釈され運用される可能性が多い。

なぜなら、「中立」の判断基準は常に為政者が持っているからです。「現在の教育は中立ではない。」と批判すると、為政者は必ず「その考えは偏向教育だ」と反論します。これは「教育」の言葉が持つ為政者に与えられた〃魔力〃としか言いようがありません。

「すべての教育は『洗脳』である」との堀江貴文氏の定義は「教育」の本質を衝いていると言わざるを得ません。ただ、堀江氏は「教育」の問題には触れていません。「学校はいらない」と言いますが、それは違います。問題は「教育」にあります。学校

（コラム２）　奇妙な「教育」関連用語：「学校」

「学」とはがくもんであり、「校」とは囲いの中であるので、「学校」は「学問（をする）の場所」となります。しかし、教育をする場所になれば、〝教校〟ですが、これは使いませんでした。

そのため、「学校教育」は奇妙な「学問をする所での教育」となります。学校で教育をするのは変です。

教育をするようになっても「学校」を詐称して来たと言えます。

は学ぶ者が「没頭」できるような興味・関心を学習支援すべきなのです。そうして、堀江氏が唱える「２１世紀の脱・学校論」ではなく、「２１世紀の脱・教育論」を探求すべきでしょう。

「教育」が内包する危険性については内田良氏が「子どもと先生を苦しめる『教育リスク』」として解明しています。しかも教師だけでなく、国民もそのリスクを助長していると説いています。このことに気づかないのは「教育」を性善説で理解しているからだとしています。これは私も同感です。

なお、教育を批判する立場の中に文部科学省、または文部官僚を批判する論があります。〝民主的〟教育学者もこの論を使いますが、これは筋違いです。官僚は憲法・法令を守る立場にあり、憲法・法律に「教育」が規定されていればその「教育」を施策し、行政に反映することが任務だからです。このことは文部省と官僚に「教育」という武器を与えたということを意味しています。しかも官僚が時の政府の指示に従うのが必然だとすれば、元来中立性がない教育は、「教育」そのものに問題があることが明らかでしょう。勿論、法令に反する政治家への忖度は論外です。

「教育」はロボットの製造である

クライン孝子氏の紹介によると、子弟を日本に留学させたあるドイツ人は「日本には、……人間の行動をマニュアル化することが教育だと思い込んでいる人が多いらしく、人間機械の大量生産に励んでいる」と述べたそうです。人間機械はロボットであり、ドイツ人の見方によれば、日本の学校ではロボットを製造しているということになります。

日本の学校がロボットの製造所になっている、という理解はドイツ人だけではなく、日本の関係者にもいます。和光学園の丸木政臣氏は「文部省も教育委員会も、学校も多くの教師たちも、『学力を豊にする』というタテマエで、…『精巧なロボットづくり』に精を出している…」と述べています。

ちなみに、ロボットに仕事を覚えさせるためにプログラムを注入することを「ティーチング」と言います。クライン氏・丸木氏の解説と工学者のネーミングは奇しくも一致していると言えます。

今日の「教育」は明治中期にわが国で展開が始まった為政者による官製の「教育」です。これは今日では「望ましい姿に変化させ、価値を実現する活動」と理解され、為政者の意図により操れるタレントを造ることとなっています。このような意味から、今日の教育の実態を表す適切な英訳は"production"でしょう。ただし、この"production"は今日の教育の政策・制度的概念としてであり、善意による実践の営為を指していません。

このような事から、わが国の特徴だと言われている「集団主義」精神は教育によって形成されていると考えれば納得できます。11章で詳しく述べますが、このことが学校における種々の規則や行事に現れているのです。「集団主義」とは最近労働界で使用されている言葉の「メンバーシップ」と同義でしょう。

このような教育によって権力に縛られる三つの問題として、里見実氏は「正解信仰」、「競争原理と序列主義」、そして「生徒化」を上げています。「生徒化」とは教師は教えるだけの存在で、生徒は教えられるだけの存在になっている、との意味です。これでは人間関係として異常だとして「自己解放」が重要だとしています。教育によりロボットにさせられないための自己解放が必要だと考えるべきでしょう。

鶴見俊輔の「教育」の再定義は成功していない

ただ、多くの善意の教師は「教育」を性善説で考え、国民のためになるとして取り組んでいるはずです。国民の多くは国語辞典の「教育」の定義として考えていますが、教師という教育の実践者は、目の前に裏切れない子どもたちがいます。例えば、優れた教師の実践として紹介される報道は、「教育」というよりも学習の支援や能力開発の場合がほとんどです。心底から一人ひとりの子どもの成長を願って活動している教師は、「教育」の定義で上から指示される方針との狭間で心身症になっているのが実情でしょう。

そのような教師の苦悩を解放するために哲学者の鶴見俊輔氏は教育の再定義をしています。言葉は時代とともに意味が変化すると言われますが、鶴見氏は「教育」は変化しないという理解なのでしょう。鶴見氏は次のように述べています。

定義をこころみよう。教育は、それぞれの文化の中で生き方をつたえるこころみである。それは、あたらしく生まれてくるものにとっては、まえからくらしている仲間をまねることからはじまる

しかし、この定義は『広辞苑』の定義の言葉を変えただけではないでしょうか。鶴見氏は身体の「内部の言語が英語になっている私」だと述べていますが、"education"の定義については述べていないので、「教育」と同義語と考えているのでしょう。

別なところで鶴見氏は「教育は、連続する過程であり、相互にのりいれをする作業である」と記しています。さらに「それぞれの個人の発達を見て、点をつけるのが教育ではないだろう」としています。これらの考えは、上に試みた定義よりも"education"的であり、よりましなようですが、そうすると「教育」という言葉に合わないためか、この説明の箇所では、「定義をこころみる」とは記していないのです。鶴見氏の試みは再定義に成功しているとは言えません。

永六輔は教育に代わる言葉を創るべきと言った

「教育の再定義」ではなく、少なくない学会が因習的用語を別の用語に転換しているように、

「教育」も他の用語へ転換すべきでしょう。

永六輔氏は「『教育』は良くない」を談話寄稿し、次のように述べています。

　まず「教育」にかわる言葉をつくるべきです。「教育」よりましだと思って使う言葉に、「学習」という言葉があると思います。…「どうする」と大上段になる前に、「教育」という言葉のもっている悪い点について、学習した方がいいと思います

永氏は教育研究者を含む三一六人の寄稿者の中でただ一人「教育」を否定していますが、極めて明快です。

　一般に現実や実態が言葉を創ってきましたが、「教育」は逆に言葉によって現実が創られている最たるものだと言えます。このことを永氏は鋭く見抜いていたのです。

再定義ではなく、新たな言葉への転換を

佐藤学氏等の著書では小玉重夫氏が「今、教育を再定義する意義」を記しているので、鶴見氏の論の理論的検討が始まったのかと思いましたが、そうではありませんでした。小玉氏は、戦後教育を三段階に分け、「第三段階は、一九九〇年代後半から二一世紀の今日に至るポスト産業社会、ポスト近代の時代である」として、「今日は、批判されたかつての教育とは異なる

意味での教育のあり方を再構築する時代、そういう意味で、教育を再定義する時代」だとしています。しかし、同書では現下の国語辞典の「教育」の定義についての批判もなく、児玉氏が謳うように「教育の再定義」を意図していません。また佐藤氏は、「地域のために教育は重要なのだという発想転換が必要」と述べているように、同書は「教育」を否定せず、「ポスト近代の教育のあり方」を述べているのです。これでは、アマゾンのカスタマレビューに『教育の再定義』はいったいどこにされているのか、読んでもちっともわかりませんでした」と記されても悪意とは言えないでしょう。

言葉の再定義は研究者だけでなく誰でもが勝手にできるわけではありません。それが可能になったら、言語として成り立たなくなるでしょう。言葉の再定義は為政者がプロダガンダとしてよく用いる手法です。最近も集団的自衛権を行使する理由として戦闘を「衝突」と言ったり、武器輸出を「防衛装備移転」と言ったりして言葉を勝手に創っていることは言葉の再定義であり、それは〝ねつ造〟でしょう。このような言葉遊びは為政者のなす常套手段です。

教育と給食の関係

ここで、「教育を受ける」の意味を給食の問題と並べて考えてみましょう。つまり、「教育を受ける」は「給食を受けて食べる」と全く同じ論理なので分かり易いからです。与える者と受ける者の関係を示したのが次の図です。

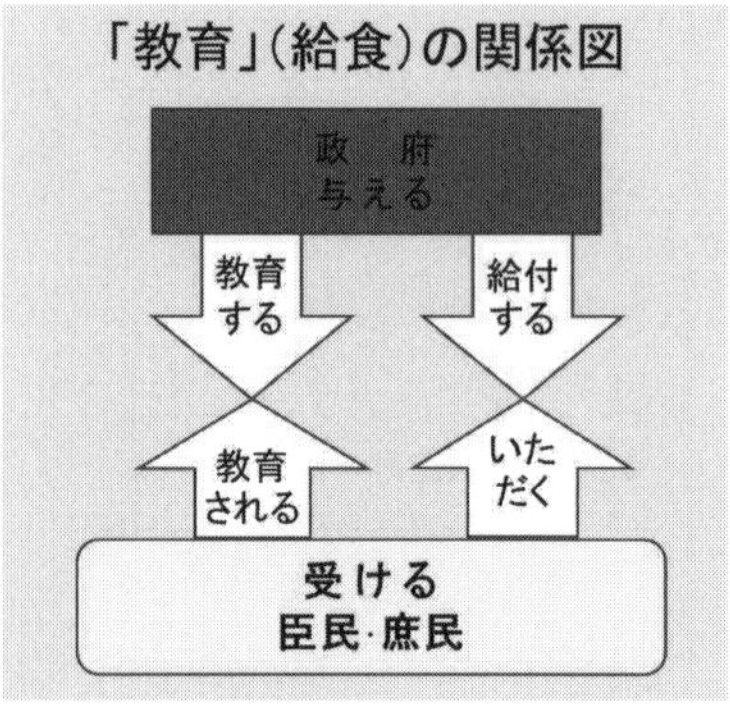

給食は全員に同じ食事を同量与えられます。教育も同じです。給食を政府が給付し、それを子ども達は〃いただく〃ことになります。このような給食でも貧しい国民・子弟は助かります。

奇しくも、コロナウィルス禍での一斉休校で、給食についても問題が生じました。両親が共働きやシングルマザーの子は食事が困難になりました。給食は弁当の準備が困難な家庭には助かるのです。戦後の困窮時、筆者も支給された脱脂粉乳や肝油ドロップで栄養失調にならずにすんだのでした。

ただ、今日の学校給食費は父兄も支払っており、奇妙な言葉でもあります。

君主と臣民は上下の関係であり、それは権利−義務の関係となります。給食と同様に、教育内容は為政者によって決められたものであり、臣民はその教育内容を受けることを拒否することはできません。「教育を受ける義務」の関係となります。「教育を受ける義務」の制度の場合も給食と同じような構造です。

与える者に権力があり、受ける者が義務の場合、その教育内容が政府の国民統制の意図をもって準備されるのは明らかに教化・洗脳です。その場合であっても、国民が貧しい時には無料であれば知識を得る機会として助かります。やがて、その知識が統制をはねのける力を付ける可能性があるのも事実です。

コロナ禍での一斎休校は、義務教育と云いながら、完全に政府が責任を果たしていないことが露呈しました。貧しい家庭の子弟の自宅学習が困難な事が明らかになりました。これは、4章で紹介しますが、明治期に片山潜が義務教育を批判して唱えた「教育を受ける権利」が保証されていないことを意味しました。

問題は、「教育を受ける」前提であれば、上の図のような構造に変化は無く、そのことを権利と言えど義務の時と同じ状態が生じることが分かります。「権利」をつけても、「教育を受ける」場合は主権在民は意味が無く、その関係は図の関係となります。つまり、「教育を受ける」とすれば教育の実施者・権限者はトップの政府だからです。「教育を受ける権利」は〝与えられた教育を鵜呑みすることが権利〟となりますが、その内実は「教育を受ける義務」と同じです。このように、義務を権利として「教育を受ける権利」が民主的だとするのは「権利」の言葉に呪縛されていた誤解であることが分かります。

つまり、「教育を受ける」という論理に問題があることが分かります。さらに言えば、「教育する」は他動詞であるため、教育は担当する者と受ける者がおり、国民は受ける者の立場です。教育であれば「国民は…教育を受ける」ことになるのは当然です。

学習と求食の関係

ところで、「権利」とは「権力と利益」であり、「物事を自由に行ったり、他人に対して当然主張し要求することのできる資格」です。そして「自己のために一定の利益を主張したり、これを受けたりすることのできる法律上の力。」です（『日本国語大辞典』）。その権利は国民にあることが主権在民の意味であることは明らかです。

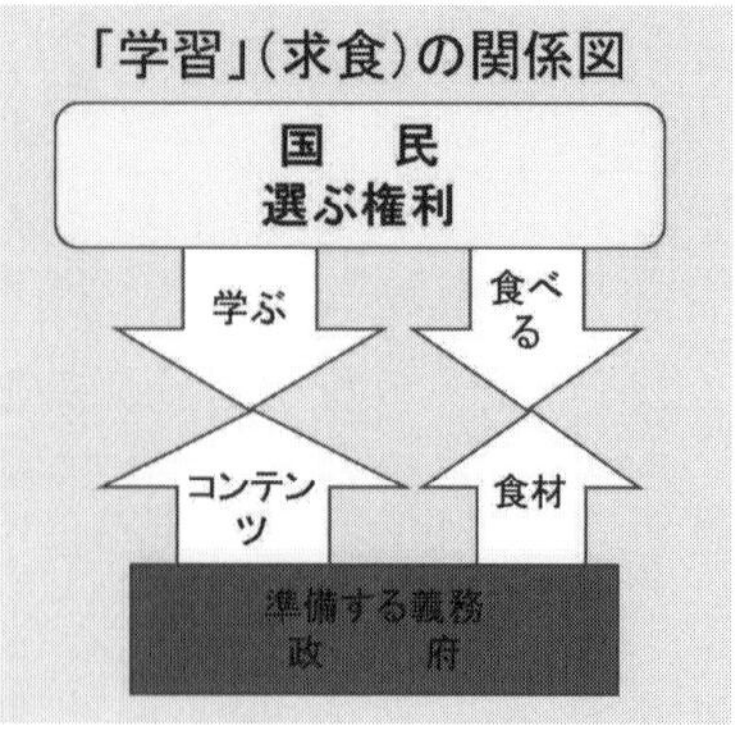

「権利」とは〝何を〟選ぶかが重要ですが、政府が定めた教育は国民が「自己のために要望した」ものではないことが明らかです。政府は国民が選挙で作っているとしても政府が行う教育は一人一人の国民の要望ではあり得ません。前提のない、要求していないことを「受ける」ことは権利ではありません。給食と同じです。

今日は主権在民の時代です。国民が主人公であり、権利構造は明治時代とは逆の筈です。このことを上の図で見ると明確です。

食事も食べることを権利として認めたのであれば、食べたいものを選んで食べることです。それは「求食」となります。欧米の学校での昼食がカフェテリア方式であることは、その具体例です。この方式は個性の育成にも役立っています。

同じように、自らのための国民の権利としては、「学習する権利」でしょう。政府はメニュー（コンテンツ）を準備する義務があるとするのが国民主権の論理であることが分かります。欧米で行われているカフェテリア方式の食堂での昼食がこの例と言えます。そして、6章で紹介するマッカーサー草案の（政府は教育を）「設立スベシ」と同じ意味でしょう。

教育と学習は、権利関係の上が政府か国民かの違いであり、政府の役割は国民に押しつけるのではなく、学習の材料を準備し、学習が好ましく進むように支援する「学習支援」であることが分かります。

人権としての「知る権利」はこれまでも度々議論されていますが、それに比べ「学ぶ権利」の主張が極めて弱いのは、「教育を受ける権利」が民主的だというように呪縛されているためと思われます。

コロナ禍下で学習が論じられている

奇しくも、コロナウィルス禍で学校教育の機会が奪われ、家庭環境の差による各種の格差が問題となり、学習支援の重要性が騒がれています。ネットでも子ども達の学習の遅れの問題が数多く訴えられています。

しかし、このことも「学習の権利」としてはまだ主張されていない限界がありますし、「教育を受ける権利」の否定としては論じられていません。

例えば『朝日新聞』は三月一七日に、国際ＮＧＯ「セーブ・ザ・チルドレン・ジャパン」の田代光恵さんの「特に弱い立場の子らへの直接的なケアが途切れ、学び・育つ権利が奪われることを心配している」とのコメントを紹介しています。そして、四月三日に「休校の継続　学ぶ権利、守る知恵を」の社説を出しています。社説の冒頭に「憲法が定める『教育を受ける権利』が、新型コロナウイルスによって脅かされている。」と記していますが「学ぶ権利」との関係の論は明らかでなく、「教育を受ける権利」の問題指摘もありません。

また、『先端教育』という雑誌が全く論理が異なると思われる「学習の支援」という特集を組んでいます（二〇二〇年八月号）。しかし、「リモート教育」がその中心のテーマで、学習権論には全く及んでいません。

このような論理になる根源は7章にて紹介しますが、憲法改正審議でも問題になっていた、「教育を受ける権利」の前にある「ひとしく」についての論となっているためです。勿論、「ひとしく」が問題ではありませんが、「教育」であれば言わずとも「ひとしく」なるものです。「学ぶ権利」の追究は「ひとしく」では論じられないことを「求食」論で紹介しました。

この機を好機と捉えて、学習権を主張することが重要だと思われます。

2．福沢諭吉は「発育」であるべきと主張した

「教育」に関する最も大きな誤解は、「教育」が日本の社会の発展とともにあった、と信じられていることです。しかし、「教育」は明治政府が富国強兵策の一環として使用したのでした。このような「教育」をめぐる経過で生じる課題を明らかにしてみましょう。

福沢諭吉の「発育」論

福沢諭吉は学問の推進を主張していたことに連なりますが、「教育勅語」渙発六年前の一八八四（明治17）年の「政事と教育と分離すべし」で、「政教の二者を分離して各独立の地位を保たしめ、…一国全体の力を永遠に養うにある」と政府に注文をつけていました。このような福沢の自由主義的学問観は当然危険視されていました。

そして、多くの翻訳語を創生した福沢は「教育」の問題について警鐘を鳴らしました。福沢は一八八九（明治22）年の「文明教育論」において次のように主張しました。

学校は人に物を教うる所にあらず、ただその天資の発達を妨げずしてよくこれを発育する

ための具なり。教育の文字ははなはだ穏当ならず、よろしくこれを発育と称すべきなり。かくの如く学校の本旨はいわゆる教育にあらずして、能力の発育にあり……。我が国教育の仕組はまったくこの旨に違えりといわざるをえず

福沢の批判は、「教育」を「発育」と称すべきとしており、明らかに"education"的に捉え直すべきとの主張だと言えます。

現代でも例えば、C・フレネの実践と研究を継承発展させるために一九六八年八月に開催されたポー大会で「現代学校憲章」が満場一致で採択されました。その第一項の宣言は次のようになっています。

(1)　教育とは（子どもの人格や能力を）開花させることであり、高めることであり、知識の伝達、調教、あるいは条件づけではない。

この精神で、われわれは仕事の技術や道具、組織化や生活の方法を学校や社会の枠内で探究するであろう。こうしてこそ、この開花や高揚は可能となろう。（以下略）

右の「教育」は"éducation"でしょう。宣言に見るように、現代のフランスにおける教育実践家と研究者の「教育」の定義は英英辞典の定義と同じです。仕事や技術を学校で研究すると

の考え方はその「教育」の内容を指摘しています。

（注）C・フレネの特色は、"education"であっても不十分だとしてその批判と実践を追究したことと言えます。

福沢の主張は戦後の少なくない教育研究者も紹介していますが、その意味については解説していません。福沢は何故に「教育」ではなく「発育」であるべきと言ったのでしょうか。

福沢の欧米の知見

福沢は度々欧米を見聞していますが、最初にアメリカに渡った一八六〇（安政7）年に、中浜万次郎の薦めでウェブスターを購入したそうです。さらに福沢は一八六一（文久元）年には幕府派遣の一員としてヨーロッパにも渡っています。この時は正規のメンバーであるため、支度金として四〇〇両を受けています。そのうち一〇〇両を母親に贈りましたが、官費であったため金はほとんど不要で、多くは書物を買ったそうです。

福沢はアメリカ行きの時はオランダ語に比べてまだ英語に自信を持っていなかったようです。しかし、渡欧の時には英語を操れるようになっていたそうですが、さらに勉学を高めるためにアメリカでもウェブスターを購入し、書物の購入の場合は辞書を特に重視していたそうです。これらの行動から、当時発売されていたロンドン版の辞書から"education"が「発育」的な営みであることについての理解は十分に出来たはずです。

　そのウェブスターの辞書は一八〇六年を初版として、一九〇〇年までに五一種と版を重ねています。今日でも、ウェブスターの多様な辞書だけを紹介したパンフレットがあります。このことは、ウェブスター辞書の"education"の定義も多様であり、変化する可能性があることを示しています。その変化の全ての版の定義を紹介するのは困難なので、重要な変化を紹介しましょう。なお、次の紹介は全てロンドン版であり、ポケット版は含まず卓上版のみです。

　ウェブスター辞書が"education"を"development"により定義した最初は一八五二年版です。つまり、"education"は能力を開発することになりました。長野県松本市に開校された開智学校の名称が想起されます。以前、ある学生が「『体育』を"physical education"と言う意味が理解できた」との感想を記していたように、教育関係用語の真の意味も理解できるようになります。

（コラム３）　奇妙な「教育」関連用語：「勉強」

「勉強」とは「(いやなことを）勉めて強いること」であり、関西の商人が「勉強しまっせ」と言うのが本来の意でした。今日のように学習する意と知って中国人留学生が驚きますが、何故にこのようになったのでしょうか。

明治の初期まで、学問に勉めることは「勉学」でした。ところが、「教育」に転換されると教育に勉めるとは「勉教」になります。しかし、教育を勉めるのは政府の業務であり、個人の営みではありません。そこで、中国で使用されていた同音の「勉強」を流用したと考えられます。

このようなことから、"education"が"development"として定義されていたことを福沢は知っており、"development"の意味を表す「発育」を用いたと思われます。

また、福沢がヨーロッパに渡った二年前の一八五九年はダーウィンの「種の起源」が発表された年です。その〝進化論〟は思想界に大きく影響したといわれており、福沢は科学に特に興味を持っていたそうですから、進化論も学んだでしょう。辞書にもあり、進化論の議論がなされていた最中の訪欧は、福沢が"education"の概念を「発育」として考えていたとしても不思議ではありません。

勿論、「教育勅語」が渙発される前年という時節をにらんでの政府への牽制が執筆の背後にあったことが推測されます。

このように考えると、福沢が「発育」であるべきと主張した意味はますます重要になります。当時もその後も知識人が福沢の主張を知らないはずがありません。少なくとも、戦後の知識人は"education"を「教育」と訳すべきではなかったと言えます。それにもかかわらず、「教育」と"education"が同じ言葉として同定されたのは何が要因でしょうか。

「教育勅語」の渙発

ところで、臣民に権利が無かった時代、教育は天皇のために受ける義務でした。このことは「教育勅語」の渙発により明確になりました。「教育勅語」にただ一度だけ使用されている

「教育」は、次のように位置付いています。

我カ臣民克ク忠ニ克ク孝ニ億兆心ヲ一ニシテ世々厥ノ美ヲ済セルハ此レ我カ国体ノ精華ニシテ教育ノ淵源亦実ニ此ニ存ス

これを現代語訳した（教育史学会）のが次です。

我が臣民は、よく忠にはげみ、よく孝にはげみ、皆が心を一つにして、代々その美風をつくりあげてきたことは、これは我が国体の華々しいところであり、教育の根源もまた実にここにあるのだ。

このように、「教育勅語」は教育に関することよりも「徳育」のことでした。「教育勅語」は地方長官会議が学生の精神育成のために徳育に関する要望に応えて起草された事からも分かります。この勅語には題目は付いていないのを文部省が「教育ニ関スル勅語」、（教育勅語）と名付けたのです。

勅語は天皇の言葉であり、これを臣民が批判できる訳はありません。

「教育勅語」は学校での奉読が義務づけられます。また、翌年に敬礼の姿勢が悪いとのことで有名な内村鑑三の〝不敬事件〟が、その翌年には久米邦武事件が起き、両者とも社会的に葬られ社会を震撼させました。渡辺俊一氏が「人民を畏怖させ、その精神を萎縮させ」たと記すように、特に教育論は鬱積した状況を呈するようになりました。

福田義也氏が紹介するように、「教育勅語」による教育を受けていない老農婦は国家への忠誠心を持ち合わせていませんでしたが、「教育勅語」を暗唱させられた石牟礼道子の父親は「教育勅語」を愛好する心情を持つようになっていたとのことです。子供達は「教育勅語」の暗唱を家でもやったことでしょうから、それを聞きながら親たちも教育が学問とは異なりお上により授けられることだと理解したことでしょう。

「教育勅語」渙発後の福沢の教育批判は山住氏の『福沢諭吉教育論集』にはありません。むしろ、「教育勅語」渙発二年後に記した「子弟教育費」では「子弟を重んずるの心あらば、これに美衣・美食をあたうると同様の愛情をもって、これがために良教育を買わんことを勧告する」と記し、子弟に「教育」を受けさせることを奨励していました。「美食をあたうる」という〝給食〟の考えで教育を受ける意義を解説していたのです。

また、「学制」制定の後ろ盾であった大隈重信は、文部省廃止論が強まった一九〇三（明治36）年に文部省廃止反対同志会で「教育は世界に対する日本の地位から最も必要」と演説し、文部省廃止論は沈静化しました。大隈でさえも「学制」の学問から三〇年を経て「教育」に転向したとも言えます。

一八八九（明治22）年の「大日本帝国憲法」の発布と翌年の「教育勅語」の渙発を契機に明治〝改革〟は確立し、その後は確立した天皇制の保守化の時代へと移行していきます。この時代から、教育がますます国家体制の維持のために利用されるのは必然でした。教育に反対することは不可能な時代になります。

新たな戦後改革時に福沢の「発育」論が想起されなかったのは残念であり、そのつけが今日の教育に及んでいると言えます。

3．ヘボンは「教育」を″education″としていなかった

1章に紹介したように大田氏は「教育」に″education″をあてたことは「誤訳」であったと記しています。「″Education″は『教育』ではない」と唱えてきたことが追認されたと言えます。しかし、大田氏は″education″の訳は何が適切であるのか、「教育」は何が良いかを論じていません。本章ではこのことの問題点を明らかにしたいと思います。

ヘボンは「教育」を取り掲げず、″education″と同定していなかった

江戸末期からの英和辞書は、中国で発行されていた英漢辞書の翻訳であり、わが国の言葉の直接的な訳を試みたのはローマ字を開発したヘボンでした。ヘボンは医者として横浜の診療所で庶民を診察しながら社会で使用されている日本語を蒐集し、三度にわたり『和英語林集成』(英和も同編）を出しました。しかし、その初版（一八六七〈慶應３〉年）には「教育」も″education″も採用していませんでした。

第二版（一八七二〈明治五〉年）と三版（一八八六〈明治19〉年）では「教育」が採用されましたが、他の日本語には記して無い言葉の意味である「*oshye, sodateru*」とルビを付記し

ていました。「教育」の意味を記していたことは、当時は「教育」の言葉が一般社会で使用されていなかったことを示しています。その「教育」を、「Instruction, education」としていました。つまり、「教育」は二番目の意味でした。

また、"education"は第二版では「Kiyoju, Kyokun, shi-tate」としており、「教育」の訳を示していませんでした。そして第三版で「Kiyoju, Kyokun, shi-tate, kyo-iku」として「教育」は最後に置いていました。"education"の日本語としてようやく明治の十年代後半に「教育」が当てられたことを意味しています。それも「教授」、「教訓」、「仕立て」の次の第四位の語意としてであり、今日のような直接的な訳語ではなかったことが分かります。

しかし、「文学」は「Learning to read, pursuing literary studies, especially the Chinese」、「学問」は「Learning, literature, science」と初版より掲載していました。社会では、「文学」、「学問」が使用されていたことが分かります。

ヘボンの辞書に見るように、今日のように"education"＝「教育」という理解は明治初期まではなかったことが分かります。そして、今日の「教育」に類似した意味としては、「教授」、「仕立て」でした。

明治期の日本人が編集した各種辞典をみてもヘボンの辞書と同様に、今日のように「教育」と"education"を同定している辞書は多くなく、同定されるのは明治二〇年代後半になってからでした。また、「教育勅語」渙発後の明治三〇年代初めまで「教育」を取り上げていない和

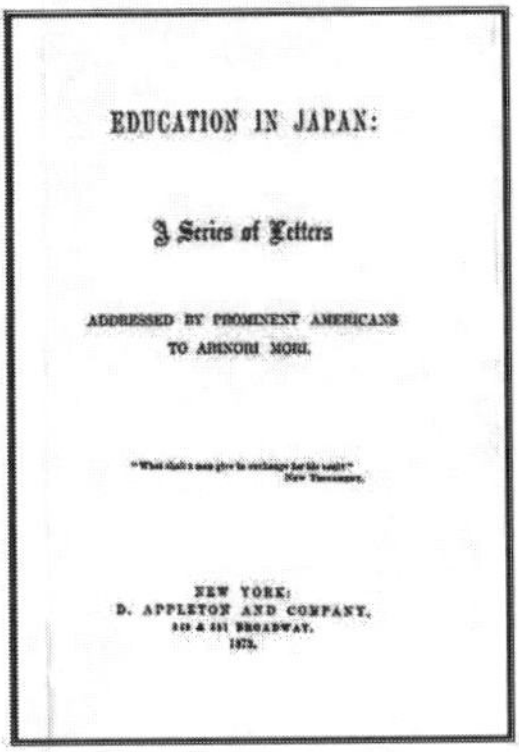

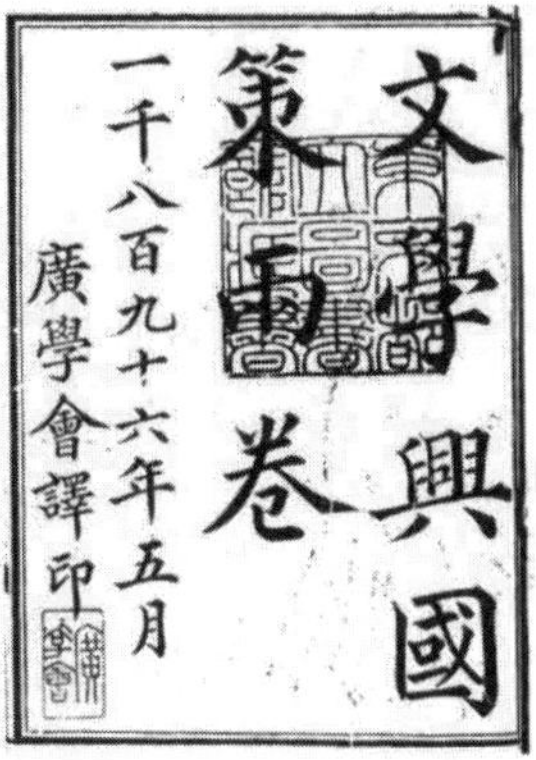

英辞典があったことは、世間には「教育」が浸透していなかったことを示しています。

中国では"education"は「文学」だった

一八八五（明治18）年に初代文部大臣となる森有礼は、一八七一（明治4）年にはアメリカの公使でしたが、アメリカの学者や知識人から集めた人材育成に関する意見を纏めて"EDUCATION IN JAPAN"を一八七一年にアメリカで発行しました。上の写真の左がその扉です。ちなみに、同書の訳はわが国では一冊本で刊行されたものはありません。

　ところで中国は、一八九六年に廣學會が『文学興国策』を刊行しました。この扉が上の右の写真です。タイトルだけをみると『文学興国策』と"EDUCATION IN JAPAN"とは関係ないように思われます。

　ところが、『文学興国策』のはしがきには「此書爲日本前任駐美公使森君殷殷訪問而得之」と記されています。

『文学興国策』は"EDUCATION IN JAPAN"の訳本だったのです。日清戦争に敗れた中国が日本の近代化した文化を学ぼうとして多量の日本人の文献を訳した中の一冊でした。中国の訳にみるように、当時、中国では"education"を「文学」としていたのです。

なお、わが国では"EDUCATION IN JAPAN"の復刻はありませんが、中国は『文学兴国策』を「近代文献丛刊」として二〇〇二年に上海書店出版社より復刻しています。明治の日本の近代化を今日でも学ぼうとしているのだと思われます。その奥付けには当然ですが「(日)森有礼編」と記されています。

ちなみに、『孟子』を翻訳し一九七〇年に"Mencius"を出版したD.C.ラウは、『孟子』の「教育」部分の英訳を"education"ではなく、"He has the good fortune of having the most talented pupils in the Empire."と訳しています。D.C.ラウは「教育」を"education"とは考えなかったのです。

また、『孟子』で「君子之所以教五」と記している部分は、日本語訳の小林勝人は「君子がひとを教育する方法は五とおりある」としていますが、D.C.ラウは"A gentleman teaches in five ways ..."としています。D.C.ラウは「教」を"education"と考えなかったのです。

「教育勅語」の意味

初期の学校では教師を充当できませんでしたので、地域の神祇官が臨時に任用されていました。そのため、神祇省から改編した教部省的な神道支配を快く思っていなかった文部省は、「教育勅語」により独自の神道精神の教義を得たのでした。文部省がその後の教育策に「教育勅語」を〃現人神の言葉〃として利用し、臣民の教化に用いたのは周知の通りです。

文部省は勅語が出された翌日に勅語の奉読を学校で進め、「教育勅語」の普及を図り、「教育」も国民に浸透しました。それは〃弱小〃文部省の強化策としての〃護符〃としても極めて有効でした。福沢諭吉でさえ、「教育勅語」を批判していないことが示しています。

英語教師は「教育勅語」を教材として英訳に努めました。しかし、日本語としても難解な勅語の訳は困難であり、国内には無数の訳文があふれました。この状況を正すために、文部省は菊池大麿による官定英訳の「教育勅語」を一九〇七（明治40）年に定めました。

「教育」と″education″を同定した「教育勅語官定英訳」

官定英訳も当初にはタイトルは付けられていませんでした。しかし、二年後に"THE IMPERIAL RESCRIPT ON EDUCATION"と付けました。ここに、官定として「教育」と"education"の同定が行われました。以後、英文学者も、教育研究者もその差異について異論を述べることはできず、今日の日本人の編集に見るように英和、和英辞典の定義に連なっていると言えます。

ところが、官定英訳の発表以後も、実態を知っている外国特派員は、政府の発表のままに記事を送っていません。例えば、"Japan Weekly Mail"誌は、タイトルは菊池のままに記しましたが、本文中には"education"を用いずに紹介しています。同紙の記者は「教育勅語」の内容は"education"ではないという理解をしていたことが推測されます。

「教育勅語官定英訳」のタイトルに"education"が当てられた後は翻訳も自由にできなくなりました。山住氏が「一九三〇年代になると、教育勅語体制への批判は、いっそうきびしく押さえられ」たと述べている通りでしょう。

このように、「教育勅語官定英訳」はその後の英語教育だけではなく、わが国の人間育成策を誤らせることになったと言えます。そして、「教育」の言葉を容認する下では常に「教育勅語」が再生することは必然だと言えます。

（コラム４）　奇妙な「教育」関連用語：「授業」

「授業」は今日では教室で教育を受ける事に使われていますが、本来は「業を授ける」ことです。古くは「受業」が使われましたが、上意下達の意になる「授業」が用いられるようになったと思われます。

人間の歴史から、最初に教えるべき事は衣食住を確保するための働くこと＝業を授けることだったはずです。それは、知識だけではないはずです。

4．片山潜が「教育を受ける権利」を言い出した

今日、国民主権の時代に考えると「教育を受ける権利」は奇妙な日本語だと感じますが、その誕生時には創作される必然性があったことが推測されます。その背景を知るためには「教育を受ける権利」が誕生した時代状況を明らかにしなければなりません。

先に紹介したように、時代は「教育勅語」が渙発され、教育に対する批判が全く困難だったことでした。

片山潜による「教育を受ける権利」の誕生

片山はわが国の労働運動の草分けであり、残した功績は多大で「工場法」の教育規定に果たした役割は良く知られています。制定された「工場法」は片山の要望には及びませんでしたが、当時の義務教育を実質的に保証する規定として注目されます。なぜなら、教育法令で義務教育を規定しても、貧しい家庭の子弟は働かねばならなかったからです。「工場法」（一九一一〔明治45年〕年）には抜け道はありましたが、十五人以上を雇用する工場で最低年齢を許可を得て一〇歳と規定していました。

労働組合期成会の機関誌である『労働世界』第九号（一八九八〈明治31〉年）の「社説・富者の教育上の圧制」において次のように主張しました。

吾人は主張す教育なる者は社会的の者なり普及的の者なり、貧富貴賤を問はず苟くも生命を文明世界に受ける者何人と雖も先天的に教育を受くべき権利を有す教育は文明社会の賜なり、人類社会の公有物なり、何人と雖も之を私すべからず、去れば教育は一個の国家事業として国家自ら之に経費を負担し公立学校を設立して以て一般国民を教育するの義務あるなり

ここに「教育を受ける権利」（以下戦前のこの種の論を「教受権」と言う）との言葉が誕生しました。片山は『労働世界』の編集長であり、片山は「労働世界＝片山」と言われるように右の主張は片山の執筆と思われます。

当時の義務教育は未だ四年制でしたが、就学率は七〇パーセントに満たなかったことを問題視したのです。右のような「教受権」論の主張は片山の刻苦勉励の実体験から生じていると推測されます。

片山は「母は無教育でヤット『いろは』が読めた位ゐ」だったと述べたり、「政治教育」や「宗教教育」等の言葉を用いているように「教育」の言葉に対しての批判は殆どありません。

また、「教育制度は外敵に備ふる軍備よりは更に重大なる人心の内敵に備ふる軍備なり」と教育の国家的意義にも協調していました。そして、片山は一八九八（明治31）年二月の「資本家に告ぐ（二）」で「組合は実際生活の一大教育機関なり」と述べ、組合も労働者に対して教育機関となることを自認していました。

片山には「教育」への信奉はありませんでしたが、国民が発達する可能性の基礎を習得する機会だという認識はありました。それは、片山の青年期の刻苦勉励の中で、学校教育は庶民の学習の機会であることを実感したからだと思います。

片山は一八五九（安政6）年に岡山県の水飲百姓の越尾家に生まれました。父は出家したため母の手一つで育てられ、一四才で小学校に入りますが一〇〇日で登校を止め、家業を手伝います。一九歳の時、学問で身を立てる決心をして小学校の助教となり、徴兵を回避するため片山家に養子に入ります。二二歳で岡山師範学校に入りますが、翌年東京へ遊学します。活版工として働きつつ勉学に励み、二六歳で渡米し様々な労働に従事しながら学費を稼ぎます。アルバイトとして労働組合の書記もしますが、労働運動のあり方を学んだことと思われます。

片山は三六歳のエール大学卒業時には成績優秀として賞されます。帰国後一八九七年に社会事業としてキングスレー館を設立・運営していましたが、高野房太郎の呼びかけに応えて労働組合期成会に入り、機関誌『労働世界』の編集長になります。そこでは政府が検討していた「工場法」制定への要望を提案・主張することが重要な課題の一つでした。

片山の「工場法」案批判の立場は『労働世界』の後継誌である『社会主義』に「社会主義の運動の如く探偵君の邪魔する道理はない、…天下晴れての運動である」（一九一〇〈明治43〉年）と合法闘争であると主張していました。「工場法」は戦後の「労働基準法」に改正されますように労働者保護法であるため、「工場法」案批判が重要な労働組合運動の課題でした。しかし、検討開始後一七年を経て一八九八（明治31）年に出された「工場法」案には「工業ノ進歩ヲ助ケスシテ却テ之ヲ阻害スル恐アリ…本案ノ職工徒弟ニ関スル規定ハ之ヲ删除」すべきとの附帯決議が添付されていたように、労働権の圧殺、殖産興業の精神に偏向していたのでした。なお、片山が問題にする教育は一九〇〇年三月の「職工教育」に「幼年職工教育及国家的職業教育は普通教育を盛にせばよし」（五六号）と記し、一九〇〇年八月の「職工教育会」では「今日の職工の最も要する者は普通教育にして之に次ぐ者は算術及び製図なり」としていた（第六四号）ように普通教育でした。

上のような片山＝期成会の主張がその後の「教受権」論を醸成することになります。つまり、ヨーロッパ思想の権利論とは異なる初等教育における普通教育に限定したわが国の「教受権」論の展開の端緒となりました。それは、「教育勅語」の下で「教受権」が主張され、世界との異質な位置づけになったのです。片山等の「教受権」は後に紹介しますが「働く権利」の保障を要求するためには不充分でした。しかし、片山等の「教受権」論は偉大な労働運動指導者の主張であったため、わが国で広まっていくことになります。

ただ、片山はアメリカ留学中のアイオワ大学で「書物の研究は大学にあらざるも学び得るが、三年間此の会にて得たる教育は他に於て得られざるものであった。」と回想しています。また、「一冊の書を読めばこれを基礎として此れ以上の良い書を読む資格が出来ねばならない、人間の過去の総べての経験は、其将来の資料となさねばならない、此が進歩的生涯である。」とのゲーツ校長の演説が片山の「人生観をいっぺんした」と述べています。このように、基礎教育の重要性を認識していたと言えます。

そして、「世の人は教育の有無に拘らず二様に分かれる傾向がある。一は年を取るに従って化石的に成る人がある、と同時に世と共に進化して行く人もある。前者は保守的であり後者は進歩的である。」と教育が孕む問題を看破していました。このように、教育の問題も認識していましたが、教育の孕む問題についての打開策までは提起していない限界があったと言えます。

片山は周知のように国内での賛同者を得られず、一九一四年の四度目の渡米の後にロシアに渡り、その後コミンテルンで活動し、一九三三年にモスクワで客死しました。

幸徳秋水による「教育を受ける権利」論の一般化

「教受権」論を教育界に広めたのは幸徳秋水でした。秋水と改名する前の伝次郎名で一九〇四（明治37）年三月に『日本の小学校教師』に「貧民教育と小学教師の待遇と」を寄稿し、次のように主張しました。

貴賤貧富共に教育を受くるといふことにしたい、…吾々は亦社会の一人として一人前の教育を受くるの権利がある

「教育勅語」下での「教受権」論は教員達に衝撃を与え噂になったことでしょう。

幸徳の「教受権」論は、幸徳が提唱し片山等と一九〇一（明治34）年に設立したが禁止される民主社会党の綱領である「理想」の第八条「人民をして平等に教育をうけしむるため、国家はまったく教育の費用を負担すべきこと。」の宣言に由来したと考えられます。当然、片山との議論の影響もあったことでしょう。

幸徳の「教育」観は、幸徳の生育歴から生まれたことでしょう。

幸徳は一八七一（明治4）年に高知県の没落した薬種業の家に生まれ、翌年には父の死に遭遇しました。「六歳にして小学校に入り、落第の味は一度も嘗しことなかりし」と利発でしたが生涯病弱でした。中学校では病で「殆ど死に瀕し…学課大に同学の生徒に後れた」ため「面目なく」思い、「学問にて身を立つることは到底望なしと思惟」し悲観していました。

しかし、学問を志しました。家庭の支援も無く故郷を「脱走」しましたが、「保安条例…の退去状と共に東都を放逐」されます。それでも　学問と民権運動の夢を抱き大阪に出ます。友人の紹介で一八八八（明治21）年に中江兆民の学僕となります。中江家の家事等を担当する傍

ら勉学に励みました。

幸徳は若い頃から自由民権運動に心酔しており、儒学の教えが身に染みていました。幸徳の精神は漢詩に多用した「四海皆兄弟」が表しています。漢文を学び、文筆に優れ一九〇一（明治34）年の足尾銅山鉱毒事件の田中正造による天皇への直訴状を起草しました。

幸徳は明治憲法が一八八九（明治22）年に公布されると、「『憲法の発布はうれし。…』との感じは四千万萬の頭脳をして一環せり。余…さまで嬉しくも思わねど、…世間寂々たり。」と冷ややかに見ていました。しかし、幸徳は一九〇二・三（明治35・36）年の国会議員選挙では応援運動もしているように、当初は議会を認めていました。

中江宅での仕事について大三輪長兵衛の問に対し、家事手伝いの後は「漢籍をしらべ、新聞雑志を読み、夜分は洋語を学」んでいる、と答えていました。すると大三輪は「如何に巧妙なる学理を談するも、…其世事に迂遠なる…彼等の如くにては社会の益には毫も立ぬなり。」と言い、更に「されど夫程の学資も続かねば、終わりに学術の大成は期し難し」、と断ぜられます。この大三輪の言葉もまたその後の幸徳の思考と行動を形成したことが推測されます。

先の「教受権」論を発表した翌年に幸徳は『週間平民新聞』の筆禍事件で投獄され禁固五ヶ月の刑を受けます。下獄しますが、療養と勉学を兼ねて一九〇五（明治38）年に渡米しました。幸徳の勉学は主に組合運動となり、翌年帰国しました。

幸徳と片山は日露戦争に共に反戦で活動しました。ただ日露戦後は片山と意見が食い違い、次第に幸徳は無政府主義に傾斜します。

幸徳は九歳で維新前後に功労の有った人物の漢学塾に入りましたが、「教育は極々の干渉主義にして、少年の元気を沮喪せしむるをつとめ、…囚徒に過ぎざりしなり。」と塾を批判し、教育の問題を実感していました。

とは言え、幸徳は教育を否定する観念ではありませんでした。義兄宛てに甥っ子の「幸衛は当地のたしかな人へ頼んで学校へ行くやうにあづけて置きます」とシアトルから手紙を出している（一九〇五〈明治38〉年）ように、学校への期待を持っていました。また、幸徳がサンフランシスコで世話になった金井重雄宛に、知人の娘を「教育は普通の読書きが出来るだけで高等の学校教育はない。…英語なぞは君の方で教育すればよいと思ふ。」と仲立ちしていました（一九〇七年）。このように、幸徳は初等教育習得の必要性は認めており、学校と教育を是認する観念だったと見ることができます。

幸徳は行動派では無く直接に関わった訳ではありませんが、仲間が起こした大逆事件によって検挙され、「工場法」が制定された一九一一（明治44）年に死刑に処せられました。幸徳の論はその後も左翼活動家の精神的支柱として引き継がれたと考えられます。

下中彌三郎による「教育を受ける権利」論の普及

下中彌三郎は「学習権の主張」を組合機関誌の『啓明』（一九二〇〈大正9〉年二月号）に

寄稿しました。この論文の冒頭で、次のことを主張するのが目的だと述べていました。

教育を受くることは、社会成員の義務ではなくて権利である。国家は、均等に、国民教育を施設する義務がある。

この論文は『教育再造』（同年11月）にも採録されます。教員組合の雑誌や書籍に掲載された「教受権」論は大正デモクラシーの下で教育界隈に広まったことでしょう。

下中は一八七八（明治11）年に兵庫県で生まれましたが、父の早逝のため小学校は三年で終え、家業の陶業に従いました。陶業の勉強のため一九歳で神戸に出て労働に従事しつつ勉学に励みます。庶民の知識向上にも関心を抱いており、一九一四（大正３）年に平凡社を設立し、知識の普及にも努力しました。教員検定試験に合格し、その後も刻苦勉励し訓導となります。教育活動を熱心に支援し、日本で最初の教員組合である啓明会を一九一九（大正８）年に組織します。

先の「教受権」論は「学習権」として主張されています。「貧乏人の子弟は『学習権』を蹂躙されて居る」ので、「在学中に於ける一切の費用―学用品及び最低生活費―を社会に於て全部保障する」ことによって「教育上の機会均等がじつげんせられる」との主張は片山と同じ立場だったと言えます。この論は、今日においても遜色は無いと言えます。

しかし、「教育」を廃止し学習に転換すべきとの論にはなっていません。また、「教育は必要である。教育は尊重せねばならない。」として教育を擁護する観点がありました。

下中の「教育の本義を問う」では「教受権」の論理は無くなります。そして、下中は「教育は文化の大本」の精神で始まった一九二一（大正10）年の教育擁護同盟にも名を連ねており、教育の擁護者となっていきます。下中は「萬人労働の教育論」（一九二三〈大正13〉年）では社会主義的理想を掲げますが、下中の労働論はいわゆる今日的な労働権論には発展せず、むしろ一九三〇（昭和５）年には愛国勤労党の顧問となる等保守化していきました。

下中は戦後に、戦時下で政府に協力したと批判されます。下中は一九五二（昭和27）年に大河内一男、海後宗臣、桐原葆見、成瀬政男、宮原誠一等を理事に迎えた生産教育協会を組織し、生産教育の必要性を訴えました。多様な活動の後、一九六一年に他界しました。

「教受権」論と職業教育訓練忌避観の創生

片山潜と幸徳秋水及び下中彌三郎の晩年は全く異なりますが、青年期は共に刻苦勉励の後に学習が庶民の自覚を促し、権利を主張できる素養になるということを認識したことは共通していました。彼等が重視した学習は国の教育を享受することから始まると考えました。それは読み書き算の基礎的な初等教育段階であればそれで問題はありませんでした。

しかし、片山等は「教受権」と普通教育を受けた後の生涯の人間形成に必要な施策については考察が浅かったと言えます。

具体的には13章に詳述しますが、片山は徒弟制を同時に批判しますが、「教受権」論と徒弟制の意義をアウフヘーベン出来ず、むしろ両者を離反させる結果になりました。それは、「教受権」論の内容として普通教育の必要性を強調しますが、徒弟制を批判するため今日から観ると職業教育訓練を批判する立場と言えるからです。

このようなわが国の経緯に対し、"education"は近代化の過程で「能力開発」の対象に職業概念を包含していました。例えば、ウエブスターが"education"に「将来の社会的地位（職業）に役立つようにする一連の指導や訓練のすべてを含む」と定義をしたのは一八五六年版でした。ここに、わが国の教育と欧米の"education"との第二のずれが始まりました。

片山が問題にした「工場法」は職工問題だけでなく徒弟問題にも関連します。しかし、片山等は徒弟制度改革についての統一的方針に欠けていました。「石川島造船場の徒弟組織」（一四号：一八九八年六月）では「徒弟（について）は…工場は少しも教育には注意せず…七年の長日月を経て…職工となる」と批判していました。そのように批判した理由として、八月（一七号）の「徒弟制度の完備を図れよ」で「労働者は一種の高尚なる技術者にして訓練を要す決して無教育を以て存在し得べき者に非ず労働者の訓練を目的とする者は徒弟制度なり」と徒弟制度の重要性を認めていたからです。

しかし、労働者が酷使されていた情況で、徒弟制度の意義を理解させるのは容易ではありません。片山等はその意義の解説を重視すべきでしたが、労働運動の指導で追究が軽視されました。しかし、徒弟制の欠陥は目に見えるため具体的に理解し易い批判のみが伝承されました。

ただ、「吾人は各種の労働者に向て徒弟学校の設立を希望す」とも述べ、イギリスを例に徒弟学校が徒弟制度の改革案になり得るとの構想を紹介していました。しかし、その徒弟学校に関しても、一九〇一（明治34）年一〇月の「工業学校長手島精一氏に与ふる公開書」で「足下の薫陶を受ける貴校の得業生が…職工固有の地位を無視し工場弊害の泉源となり雇主と労働者間の不調和をかもすに至って」いると激烈に批判し、その改革を要望しています。

（注）手島精一はわが国における技術教育の初期の指導者。

手島は、社会政策学会『工場法と労働問題』、同文館（一九〇八）に「社会に於ける職工の地位」を寄稿し、「良しや学校の教育を授くるにもせよ卒業後数年間、実地工場に於て職業に従事せざれば一人前の職工となることは出来ぬ」との述べ、実働、修業経験の意義を認めていました。

そして翌月の「徒弟教育の真相」で「今日行はるる徒弟教育の弊は職工を養成せず只技術を知った者を作る丈けであることだ…今日の徒弟教育は実に徒弟を害毒するものである」と徒弟学校をも批判していました。そのため、「徒弟教育は技能知識及人物養成の三者が大切である而して第三の人物養成が最も大切である」として、労働組合が職工教育を実施する重要性を訴えました。『労働世界』は「職工教育」のコラムを創り、技術教育等の実践を紹介しますが徒弟の教育訓練の制度化に繋がらず、イギリスの機械工講習運動のようには発展しませんでした。

　幸徳も、「教育を受ける権利」は主張しましたが、職業教育訓練の権利論までには至っていません。その上、「工場法」については「甚だ不満足の点が多い。且つ、極力反対せねばならぬ点もある」と批判していました。

　以上のように、片山等の「教受権」論は、国民が自立するために重要な職業能力の習得のための要求には至らず、「教受権」論と徒弟制批判が戦後に一体的に引き継がれることになります。

　片山潜と並んで、戦後の研究者が古典のように引用する風早八十二による『日本社会政策史』があります。同書は労働問題中心の著書であり、徒弟の年齢時期については「幼年少労働者」として論じられています。しかし、「徒弟」の用語を用いず、徒弟制度問題は取り上げていません。そして、徒弟問題を教育論に解消することを追認していました。

　この結果、同書では「徒弟」問題が看過され、「熟練工」の予備軍についての問題が未考察となり、「幼年少労働者」の問題を準戦時体制期に入ってからの〝単能工〟養成論を無批判に紹介しています。

　また、協調会は『徒弟制度と技術教育』を刊行しましたが、大部分が外国の紹介です。その欧米の紹介を教育の言葉で整理し解説しています。この整理はデュアルシステム（ドイツ等の徒弟制度と学校教育の二元制度のこと）等が確立している国では正論と言えますが、「教育」は

"education"と全く異なり、わが国の「工場法」の徒弟制度がそのようなヨーロッパ諸国の訓練制度を忌避して制定された後ではミスリードの解説と言えます(注)。

以上のように、労働界においては「教受権」は主張されても職業教育訓練についての重要性が主張されなかったことがわが国の特異性として今日まで引き継がれていると言えます。

(注) 教育学の代表的資料集である『近代日本教育論集』(全八巻) は、第三巻「教育内容論Ⅰ」に「プロレタリア教育運動」として片山の職工教育に関する「必要」、「方法」、「弊害」、「便法」の記事を転載しているが、「教受権」論は転載していない。なお、上の元稿は『労働世界』の第二期(明治35〜36年) の雑誌記事である。本書で紹介した論は第一期の新聞『労働世界』の論である。なお、「弊害」には「学問を尊び労働を賤しむ習慣をゆうする」ようになると批判している。

農民の学習権要求闘争

一八八六(明治19)年の「小学校令」で初等教育が義務化されました。この「教育を受ける義務」の時代、極めて短い期間でしたが、自分たちの学習要求を実現した実践がありました。それは農民闘争の中で模索されました。

自由な運営であった寺子屋に代わり設立された明治の学校は義務にもかかわらず有料で、貧しい農民達には負担が大きくのしかかりました。学費だけでなく、労働力をも奪われることになるからです。

「地租改正」を歴史で学んだとき、私は〝改正〟だから農民は楽になったのだと思っていました。しかし、このことは原田伊織氏が主張しているように、政府の「官軍教育」に騙されてきたのでした。良くなったのは政府であり、農民ではありませんでした。

なぜなら、年貢という物納では年度により国の収入が予測不能で予算の設定が困難でしたが、農地への課税という〝金納〟制にしたことにより一定収入になるからでした。ところが、農民は新たな金納という制度に苦しめられました。何故かというと、不作の時、農民は大地主から借金して納税しましたが、その借金の肩代わりに農地を取り上げられることになるからです。そのため、小作農が増大し、地主所有地が拡大する要因となりました。その結果、小作農の闘争は江戸時代よりも増えました。

〝農地税〟で苦しめられ、徴兵制により働き盛りの男子を奪われる農民は闘争の手段に及ぶしかありませんでした。農民闘争は明治以降、新聞で分かっているだけで大正末までに五、八九二件になります。しかし、地主は憲法と民法に守られていました。

農民闘争は、徴税に反対するとともに、様々な要求を出しましたが、学校問題に関する要望を併せて出すことも少なくありませんでした。明治初期には学校破壊、学校焼き討ちまで起こしたように、学校そのものへの設置批判がありました。

ところが、二葉亭四迷が『浮雲』で創作した「立身出世」の言葉を象徴するように、東京大学出身の社会的成功者による〝故郷に錦を飾る〟姿が観られるようになりました。このような姿は教育の享受が生活向上に連なるとの確信を庶民に与えました。

明治二〇年代以降になると農民闘争は次第に分校の廃校反対、分校の設置要求等の子弟の学習が容易になる要望が増えます。これは農民の就学要求、学習権要求闘争と言えます。大正までに明確になっているだけでも三八七件の要求が出ています。その中には、子ども達も巻き込んだ同盟休校が三五件も発生しました。コロナ禍下の一斉休校ではなく、農民闘争の手段としての子ども達の就学拒否・ストライキなのです。

その頂点が木崎村（現在の新潟市）の闘争です。木崎村では明治憲法下で政府の教育に対抗し、同盟休校が大正一五年五月一八日より九月八日までの四ヶ月近くも長期に続くという異例の闘争になりました。芥川龍之介等の文士が『農民小説集』を発行する支援をはじめとして全国からの支援を受け、虐げられた農民の教育に反対して独自の農民小学校を新築・設立しました。

木崎農民小学校では明治期の学校で重要な教科であった修身を廃除し、独自の教科方針を定め、蔑まれていた小作農の子弟が伸びやかに成長する実践を展開しました。それは、平等、自由、個性の尊重、差別の禁止であり、自らを卑下しない精神を養うことでした。何よりも、農民としての誇りを持つように計画されました。

ここに、真の国民の立場に立った学習支援が実践されていたと言えます。〝大正デモクラシー〟下の都会の富裕層を対象とした〝新教育〟運動に劣らぬ重要な課題を提起していたと言えます。

木崎村農民闘争は官憲の圧力のみでは収集できず、議会でも問題となり、最終的に政府が直接に解決に乗り出しました。農民闘争が収束すると、残念ながら木崎農民小学校は廃止されましたが、わが国の教育史に占める重要な一里塚だったと言えます。

労農同盟も若干は進みましたが、学習権問題までの統一には高まりませんでした。

第一編のまとめ

「教育を受ける権利」の語句は戦後の「日本国憲法」に初めて規定されたのではなく、「教育勅語」下で既に主張されていたことが分かりました。今日では日本語として奇妙な「教育を受ける権利」の誕生は、当時は必然だったのです。

つまり、「教育を受ける権利」の主張は、「教育勅語」下で「教育」を否定できない情況での最大の抵抗だったのです。「教育を受ける権利」は臣民の「教育を受ける義務」に対抗して子ども達の就学のために片山潜が初めて労働運動の中で主張したのでした。

問題は「教育」そのものの概念にもありました。つまり、わが国では永年「学文」＝「学問」（今日的には「学習」の意）が使用されていました。しかし、明治の富国強兵の時代には「学問」はそぐいませんでした。

そのため、明治政府は臣民の教化のために「教育」の使用を始めたのでした。福沢諭吉が「教育はなはだ穏当ならず。発育と称すべきなり」という主張をしていたことによっても「教育」の問題は明確でした。この福沢の主張を吟味すれば、「教育」は"education"とは異なることも分かりますし、ヘボンがそれらを同一視していなかった事から、「教育」が官製語として恣意的に使われた事も明かでした。

そして、政府が「教育」の使用を始めても、言葉は簡単に庶民までに浸透することはなく、庶民は永らく「学問」を使っていました。その状況で「教育勅語」が渙発されたのです。

なお、元来「教える」や「育てる」は用いられていましたが、これらの言葉では問題は生まれず「教育」の時代に問題が起きました。また、「教える」は主として宗教での使用でした。

このように、「教育」という言葉が問題でした。義務教育の時代であっても貧困家庭の子弟は就学が困難でした。しかし、「教育」を批判できないため、「教育を受ける義務」ではなく「教育を受ける権利」を主張したのです。

そのことは、片山達もヤムを得ざるとは言え「教育」を容認する立場から「教育を受ける権利」を主張したことを意味し、問題はベールに覆われてしまったのでした。そのような「教育を受ける権利」を幸徳秋水の主張を経て、下中弥三郎も主張した事により、知識人に民主的な主張として知られたことと思われます。

もう一つの問題は、片山は他方では徒弟制度、徒弟学校を批判していたため、「教育を受ける権利」と徒弟制＝職業教育訓練批判と一体的に理解されることになったことです。「教育を受ける権利」の主張はわが国で職業教育訓練を批判することと裏腹な関係が醸成されたのでした。

戦前には「教育勅語」が教育界のみでなくわが国の思想を支配しており、福沢の主張を探究することは困難でした。その課題の解決は戦後に持ち越されたのでした。

第二編　「教育を受ける権利」の信奉

ドイツ“人権通り”の石柱
（133ページ参照）

5．GHQが参照した「憲法草案要綱」には「教育」が無かった

本章で「憲法草案要綱」を問題にする意図は、6章で紹介しますが、マッカーサー草案の作成時に日本人が起草した憲法改正案の中で唯一「憲法草案要綱」が参考にされたからです。その起草者は憲法研究会の鈴木安蔵でした。

「憲法草案要綱」がマッカーサー草案の参考にされた要因は、要綱が極めて民主的であり、「とくに勤労者の社会的経済的基本権の保障や天皇制の改革については総司令部の起草した草案に比して、より徹底したものであった」(「はたして『押しつけられた憲法』か」)からでした。「日本国憲法」の基となったマッカーサー草案の作成に当たっては、鈴木はマッカーサー草案の作成にもノーマンを通じて間接的に協力していたのでした。

「教育」の規定と忌避の意味

初期に発表された憲法改正案では教育に関連する規定を全ての草案が入れていたわけではありません。少なくない草案の起草者は、戦前と同様に教育は政府の専決事項と考えていたために、憲法改正案に「教育」を規定していませんでした。主な提案を見ましょう。

いち早く日本共産党は「教育される権利」を規定した「新憲法案骨子」を発表しました（一九四五年一一月一一日）。

続いて高野岩三郎を座長とする憲法研究会が「教育ノ自由ト保護」を規定した「第一案」を発表しました（一一月二一日）。なお、高野は片山潜と共に運動していた高野房太郎の弟でした。この高野の案には「教育を受ける権利」が明記されていますが、片山と兄の論を引き継いだものと推測されます。

高野岩三郎は個人でも「教育ヲ受クルノ権利」を規定した「改正憲法私案要綱」を発表しました（一一月二三日）。

佐々木惣一は「帝国憲法改正ノ必要」として「『教育ノ自由ヲ保障』…ヲ新ニ定ム」と天皇に奉答していました（一一月二四日）。

革新的な研究者等は戦前の「教受権」を民主的観念としてそのまま草案に盛り込んだことが推測されます。「教育」の概念が未吟味で、為政者が施策する教育は国民主権の立場とは異なることが探究されず提案されたと言えます。戦前の「教受権」観が知識人に定着していたためと考えられます。と言うより、一般国民にも「教受権」の観念は心底に共感するものがあったと言えるかも知れませ

（コラム５）　奇妙な「教育」関連用語：「自己教育」

「自己教育」が教育界で時々使われますが、「教育する」には自動詞は無いので、「自己教育」はナンセンスな日本語です。これは英語の"own　educatio"の直訳だと思われます。"educatie"は自動詞があり、自分で能力を開発する意となります。企業で使用されている「自己啓発」がより近いでしょう。

ん。

そして、政府案作成の責任者である松本烝治の「憲法改正私案」（一九四六年一月四日）は教育を規定していませんでした。教育は政府の専決事項と考えていたのでしょう。

政府案は二月二日にまとまり「国民ハ…教育ヲ受クルノ権利及義務ヲ有ス」と規定していました。右のように権利を規定していましたが、義務を規定した特徴がありました。しかし、重要条項で明治憲法の改正に遠く、マッカーサー草案提起の大きな要因となりました。

鈴木安蔵と「憲法草案要綱」

憲法研究会は高野岩三郎の発案に賛同した杉森孝次郎、森戸辰男、岩淵辰雄、室伏高信、鈴木安蔵が集まって一九四五（昭和20）年十一月五日に発足しました。ただし、出席者は毎回同じではなく、最終案には議論参加者として馬場恒吾も明記してあります。上のメンバーの他にも研究会に参加した者がいたようです。

発足総会を含め会合を三回重ねて、それまでの議論をふまえて十一月二一日に鈴木が第一案を作成・配布しました。この案は条文案ではなく、「新憲法制定の根本要綱」として憲法構想の問題点を整理したものでした。

第一案の構成は、「一、憲法改正か新憲法制定か」、「二、統治権、元首、国家形態」、「三、人権」、「四、立法・行政」、「五、司法」、「六、経済・財政」、「七、其他」と続いていました。

「三、人権」は「現在の『臣民』なる概念が廃止され国民なる概念確立さるべきが当然である。」として、ここには労働権、休息権、失業の際の庇護権に続き、5に教育の自由の規定がありました。この第一案の議論の過程で「思想・宗教の自由」について等の意見が出されます。そして、鈴木は右のような議論をふまえて第二案を十一月二九日にまとめました。

第二案は条文のスタイルに近づいていました。第二案の「二、人権」に二の労働権、三の勤労者の権利、九項の「教育、宗教の自由と保護」が明記されました。第一案に続き第二案でも「教育の自由」が明記されていました。なお、「一〇、民主主義並に平和思想に基づく人格完成、社会道徳確立の義務」があったことは注目されます。

そして十二月十一日に第三案を鈴木は作成します。この案の作成に当たり、それまでの議論をふまえるのは当然ですが、鈴木は「わたくし自身の主張を最も多く表明しているもの」としていました。憲法研究会の第三案は鈴木案だった、といえるのです。

その第三案の「国民権利義務」では、第二案に「教育」が含まれていた九項は、第二番目に、「二、国民ノ言論ノ自由学術芸術宗教ノ自由ヲ妨クル如何ナル法令ヲモ発布スルヲ得ス」となっています。つまり、「教育の自由」は消えたのです。一方、労働に対する権利は一六〜一九項までに拡大しています。

特に注目しておくべき事は第一九項に「労働能力ヲ維持……スルタメ国家ハ適切ナル施策ヲナスヘシ」の条項が明記されていることです。これはまさに生涯職業能力開発の構想であり、

「教育の自由」が忌避されたことを補う上で余りある国民への国の義務規定だったといえます。

右のような第三案の討議の経過は残念ながら明らかではありません。

その後、鈴木は公表用の草案を十二月二五日に完成しました。翌日にメンバーの検討を経て鈴木は若干の訂正をして政府提出案を決定しました。次に示す「憲法草案要綱」を二八日に各新聞が大々的に報道しました。

「憲法草案要綱」（抄）

国民権利義務

一、国民ハ労働ノ義務ヲ有ス

一、国民ハ労働ニ従事シ其ノ労働ニ対シテ報酬ヲ受クルノ権利ヲ有ス

一、国民ハ健康ニシテ文化的水準ノ生活ヲ営ム権利ヲ有ス

一、国民ハ休息ノ権利ヲ有ス国家ハ最高八時間労働ノ実施勤労者ニ対スル有給休暇制療養所社交教養機関ノ完備ヲナスヘシ

一、国民ハ老年疾病其ノ他ノ事情ニヨリ労働不能ニ陥リタル場合生活ヲ保証サル権利ヲ有ス

一、男女ハ公的並私的ニ完全ニ平等ノ権利ヲ享有ス

一、民族人種ニヨル差別ヲ禁ス

朝日新聞

昭和二十年十二月二十八日

臨時地方長官會議開く

民主政治成敗の鍵
自由公正な選擧
干渉絶對に許さず

「統治權は國民に」
憲法研究會 草案、政府へ提出

投票所増設

一、国民ハ民主主義並平和思想ニ基ク人格完成社会道徳確立諸民族トノ協同ニ努ムルノ義務ヲ有ス

項目数は第二案の約三分の一の八項に削減されています。「教育」の条文も第三案と同じく姿を消したままです。その中で、第一、二、四そして五項と半分の四項に労働権に関する事項が明記されているように労働権が極めて強調されているのは同じです。

また、第二案の一〇項における「人格完成社会道徳確立ならびに他国との協同の義務」が第八項に規定されています。

このように、政府に提出された最終案からも、「教育の自由」は消えていました。

この政府提出案の作成を若干の訂正で終え、「教育の自由」が削除されたまま復元されていないことは、「教育」の回避に対して研究会で合意されたことが窺われます。

鈴木は「憲法草案要綱」を執筆する傍から論文「新憲法の論点と主体」で「今日、社会的経済的民主主義確立のために最も緊切なる労働権・休息権等の規定」が重要であるとの前提で次のように述べていました。

国民の義務としては、労働の義務、また民主主義的精神による人格完成、社会公共道徳の確立、諸外国・諸民族との協同等の義務が規定さるべきである。

民主主義ならびに民主主義的精神に反する一切の法令・制度は廃止さるべきこと、国民の自由・平等・人権を抑圧する如何なる法令も制度も設けられざるべきことも、憲法に、明記されねばならぬ。

右の主張のように、労働権の下に「人格完成」があり、その民主主義的精神に反する法令を制定出来ないようにすることが求められていました。そして、同時にこの論文においても「教育」の文字は無く、教育に関する要求は論じられなかったのです。

それでは、鈴木の憲法論、すなわち憲法研究会の「憲法草案要綱」からなぜ「教育」の文字は消えたのでしょうか。このことを考察しましょう。

労働権と「教育」の忌避

まず、憲法に「教育」が規定されるのか、されないのかの意味を考えて見たいと思います。

「学制」に代わって公布された一八七九（明治12）年の「教育令」は勅令でした。「大日本帝国憲法」（一八八九（明治22）年）には「教育」は規定されていませんでした。その後、戦前に公布された教育関係法令は勅令が先ず出されます。勅令は天皇の命令を意味する令ですから、臣民は受ける義務があります。つまり、戦前は憲法に教育に関しての規定が無くても政府の施策は勅令を基にして可能でした。

憲法研究会の「憲法草案要綱」から「教育」の文字が忌避されたと言うことは、戦前と同じ教育の捉え方であったのでしょうか。そうは考えられません。何故なら少なくとも第一次、第二次の案には「教育の自由と保護」が掲げられており、「教育」が規定されていなかった最終案の議論も経ているからです。

先に紹介したいくつかの鈴木の論からは、労働権を遵守することが「人格完成」に通じ、ひいては人格完成のための学習の保障がなされねばならない、との構想が窺えます。例えば、第三案の「国民権利義務」の第19にあった「労働能力ヲ維持……スルタメ国家ハ適切ナル施策ヲナスヘシ」は、今日特に重要になっている職業能力開発であり、労働者の職業訓練を国が保障すべき事の意味を含んでいます。

右の規定は「憲法草案要綱」には盛り込まれませんでしたが、上の主張をより明確に述べている「憲法草案要綱」の解説が東京新聞に掲載されます。そこで鈴木は次のように述べていました(「新憲法草案（下)」)。

特に憲法について考察するとき、……人権の徹底的保障、自由の十全なる確保が実現さるべき要請となるのであるが、その人権自由権は、同時に労働権であり休息権……たらざるをえない右の論をあえて要約すれば、人権は労働権である、という主張だと言えます。近代化以降の社会における人権とは、産業革命後の人権の課題であり、それはまさに労働権が最も重要であるとの主張です。つまり、産業革命により排出される失業者に対する職業の付与と労働の権利を保障することが必要となるからです。このようなことを考えれば、この論理は頷けるところです。このことは8章に紹介する国際的規程と同じと言えます。

鈴木は憲法制定後の解説で、労働権について次のように述べています（『歴史と政治』）。

新憲法においては、…労働者の団結の権利、団体交渉、団体行動の権利をみとめたのである…

しかしながら、労働者、農民その他勤労大衆の生活擁護、文化、教育の向上など現代社会の矛盾によって窮迫し無権利におとし入れられている人民の大多数者に、真実にその人権を保障しうる社会的諸条件について、もっと積極的な規定が必要であると思われる。例えば新憲法第二六条に「……」という規定があるが、教育の機会均等の実質保障こそが必要である今日、多くの家庭の人たちは、優れた頭脳をもちながら、……家庭が貧しいために最高学府まで行けないといった状態である。したがって日本においては、単に教育を受ける権利を保障するというだけでは足りない。……経済的事情のため勉強したいができないという障害を除く経済的援助の保障の規定が完全に行なはれなければ、教育の機会均等は、実質的には存在しえない。

右の解説は、明らかに生存権、労働権が教育に先行して保障されなければならないことを意味しています。「教育を受ける権利」だけでは充分ではなく、「ひとしく」に重点をおいた経済的保障が重要であるということを明確に主張していました。

今日的には、政府の責任は家庭の経済的格差のために就学が困難な児童がいなくなるような対策が先ずは追求されなければならない、との当然な主張です。

13章に見ますが、国際的規約においては労働権の重視という点では鈴木の「憲法草案要綱」は類似していますが、「教育」に関して鈴木は論じていません。このことは「教育」の捉え方に有ると推測されます。そこには「教育」と"education"との違いもあります。

それでは、労働権と教育との関係についてどのようにあるべきでしょうか。各種憲法草案における労働権と教育との関係を見てみます。

先に紹介しましたように、一九四五年に発表された草案はいずれも労働権が教育権よりも先に規定されています。そして日本社会党、及び憲法懇談会の草案においても労働権が教育権の前に規定されています。

ところが、年が明けて発表された宮沢俊義案、自由党案、松本烝治案は逆に教育権が労働権よりも先に規定されています。

日本進歩党（昭和二二年三月に自由進歩党に合同する）案は規定がありませんでしたが、自由党も「勤労ノ自由」を明記していたように、多くは勤労について規定しており、これが自然の流れだったといえます。

松本は政府の憲法問題調査会の責任者であり、宮沢もその一員でした。そして自由党は政府与党であったことを考えると、政府関係者の憲法草案のみが教育権を労働権の前に規定していることが分かります。この論理が政府の憲法草案に反映されたといえます。

それでは、何故に政府関係者の場合は教育権が労働権よりも先に来るのでしょうか。残念ながらその史料を渉猟できませんでした。ただ、推測出来ることは、憲法研究会等の草案やその草案構想に関する鈴木の解説が先に発表されており、これらが革新的な憲法草案だったことです。すると保守的体制を温存したいとする保守的な立場からは、革新的な構想を薄めるためにその反対の構造が望ましいはずだという考えだったかも知れません。

そのように考える観点として、戦前の「国民思想の統制」としての教育を優先させることによって労働権の意識が芽生えるのを弱めようとした、と考えられます。それは、偶然にも、マッカーサー草案で、教育関係条項の後に労働権の条項があったため、その順序に従い、国会に提出した政府案も労働権条項を後ろにしたのだと推測されます。

しかし、労働権を重視した「憲法草案要綱」には「教育」が忌避されていました。その理由は「教育」に問題があると鈴木は考えていたからだと思われます。それではその「教育」の問題とは何でしょうか。

「教育」の問題と忌避の意味

鈴木安蔵が「教育」を忌避した意図には「教育」のもたらす問題がある、との判断があるはずです。その「教育」をどのように捉えていたのでしょうか。鈴木は次のように述べています（「教育と教育基本法」）。

抽象的一般的規定が、現実の国家・社会においては、決して、すべての立場、利害にたいして同じように公平中立普遍的に作用するものではない…。時代々の一定の国家・社会には、つねに、圧倒的に支配的な利害、世界観が存し、抽象的規定は、主としてそのような利害、世界観、立場において解釈され運用される可能性が多い

現実の規定の解釈は国家の立場が優位になり、国民の立場は軽視されるという考えです。そのため、抽象的な「教育」に関しては明記しない方が良いと考えたのではないでしょうか。これは後に紹介しますが「憲法草案要綱」が「戦争」を忌避した発想に通じます。

「教育」の問題はより根元的なところにあります。「教育する」は他動詞であるため、上から下へという方向性しかもっていないためと思われます。このことを鈴木は時代が下りますが

1章で紹介しましたように、鈴木は「教育の政治的中立性なるものは、もしも教育がいかなる政治的世界観、信条、知識などからも完全に中立に行われることを意味するならば、げんみつに言うと、存在しえない。」と述べていました。

教育の中立性の問題に関する鈴木の解説は説得力があります。この考え方は鈴木の晩年まで変化していない確信となっています。つまり、「教育の政治的中立と学問の自由」にも全く同じ文章で主張しています。

このように考えると教育という営みが如何に問題があるかが分かります。

もし、革新政党が政権党となり教育改革を進めようとすると、野党となった今の自民党は〝外国のモノマネ反対〟、〝偏向教育反対〟や〝伝統を守れ〟等々の批判をすることは明らかだからです。「教育」の問題はここにあります。

二〇二〇年二月二三日のＮＨＫＢＳ放送「全貌　二・二六事件」で、二・二六事件決起部隊の対馬勝雄の妹さん波多江たまさんは「教育は恐ろしいです。教育はとにかく恐ろしい。」と繰り返していました。波多江さんが言った「教育」の概念が戦後に変わったとの認識で使われていたようには見えませんでした。これが一般国民の理解でしょう。

「教育は、不当な支配に服することなく」行われる（旧「教育基本法」第十条、現「教育基本法」第十六条）と規定されていても、鈴木はその政治的思惑の排除は実際に困難だろうとの理解でした。否、為政者の教育は政治的な活動である、という考えでした。そのような鈴木の理解は孟子が「教育」を創ったときの「君子（王）の三楽」に通ずる理解であり、戦後となり、時代が変わっても「教育」の概念は変わっていないということだと言えます。このことについて次のように述べています。

国家が国家として世界観的統一の保持は当然その要件である。教育はこの意味で、国家にとって重大な関心事たらざるをえない。少なくとも、その主要なものについては、根本的なあり方にたいして、一定の方向を法的にも確定しようとする。

右のように鈴木は教育の危険性を強調していました。このような理解は、当然戦前の体験からの結論であったはずです。その教育が鈴木の言うような憲法改正として行われなければ、またもや戦前のような体制が復活するであろう、という危惧の下に、「教育」の忌避を「憲法草案要綱」に盛り込んだのだと推測されます。

鈴木の起草した「憲法草案要綱」は、そのような問題のある教育を忌避して第三案にあるように「国民ノ言論ノ自由学術芸術宗教ノ自由ヲ妨クル如何ナル法令ヲモ発布スルヲ得ス」との制限規定により、教育の問題を封殺しようとした憲法構想だった、と言えます。

鈴木の教育論は新憲法、「教育基本法」の制定後に語られます。それは次のような理解でした。

教育ということは、何を意味し、なぜ行われるものなのであろうか。人間は、たんに動物的存在をつづけるだけに満足しない（今日この動物的な存在自体のために大多数の国民は苦しんでいるが）。自由と言い幸福の追求と言い、人間としてそれぞれ何らかの形ちで自己の天分、素養、希求を十分に生かし、肉体的にも精神的にも、もっとも高度な発達をとげたいという人間的本能、本来の要求を表現したものである。

右の論述に「教育」に対する期待が現れています。特に、次の主張が注目されます。

人間の発育におよぼす一切の影響を組織することが教育である。
教育－人としての完成に必要な諸影響を予定的計画的に組織化するもの－についても、各人の自主的な自由な決定を当然のこととする

鈴木が福沢の「発育」論を知っていたのかは明らかでありませんが、右のように、「発育」を論じていたことは鈴木の教育観を知る上で貴重です。つまり、「教育」の用語はなくとも「各人の自主的な自由な決定」を重視しているからです。
例えば、鈴木は「憲法草案要綱」では労働権を重視し、そして「人格完成…ノ義務ヲ有ス」

を明記しましたが、「人格の完成」のためには様々な学習が保障されなければならないからです。学習の可能性を、「国民ノ言論学術芸術宗教ノ自由ヲ妨ケル如何ナル法令ヲモ発布スルヲ得ス」により権力の悪用を規制することで保障しようとしたと言えます。第三次案に有ったこの条項は、しかしながら「憲法草案要綱」から欠落していましたが、その理由を、「この趣旨を徹底すべく……意見が提出されたがこれは少数意見としてとゞまった。」としています。「しかし『国民ハ国民請願国民発案国民評決ノ権利ヲ有ス』とされ、憲法改正、議会解散、政府不信任その他国民生活に重大な関係ある諸問題について、国民自身の発言、意思表示の直接立法的方法を、憲法上の権利として認むべきものとされたが当然である。」としていました。

労働権の重要性は13章に紹介しますが、国際的規約を見れば明らかです。鈴木は労働権の中に少なくとも「人格完成」を意図していたのであり、その人格は大人の筈ですから、社会人として社会に貢献できる人間でなければなりません。それは労働によって可能となります。憲法研究会の「憲法草案要綱」は労働権のみではなく、「労働の義務」も主張していたことから推測できます。

すなわち、職業に就き、働くことにより社会に貢献できるのであり、それが労働の義務であるはずです。労働するためにも、様々な知識・技能を体得せねばならず、労働の義務を果たすためにも学習の保障が当然でした。鈴木は民主主義の真の達成のための憲法のあり方として、労働権の確立が未整備に終わってはいけないことを極めて重要視していると言えます。

そのためには真の民主主義国家にならねばならないが、現状を見ると旧態依然としているとしていました。例えば、憲法の民主化のためには経済と政治の民主化が必要であり、そのためには労働権の保障が近代社会における民主主義社会建設の当然の主張となります。この労働権の意味について鈴木は次のように主張しています（「民主々義の憲法化」）。

憲法の民主主義化の主要内容たる人権・自由権の確立、……さらに労働権、休息権の規定、……すなわち民主主義を最も完全に実現するための法的保護、……の再検討にまでいたらねばならない。

つまり、近代の人権とは労働権の保障なくしてはあり得ない、という理解でした。その民主主義と労働権との関係については次のような理解でした。

憲法の民主主義化のためには、政治自体の民主主義化が達成されねばならぬ。社会制度、経済組織の民主主義化なくして憲法の民主主義化はあり得ぬのである。

このように考える根拠として、次のように述べています（「民主主義日本建設の前提」）。

新しい社会は、十八世紀的自由主義・個人主義とは異なり、また最近の全体主義とは異なり、個人の優れた自覚、教養、創意に基づく協同体観念、国際観念による倫理を有せねばならぬ。

しかるに現在、終戦以来既に二ヶ月に垂々とする今日、果たして旧来のタブーは取り去られたであろうか。断じて否である。

言論の自由を抑圧せる政治上の伝統的勢力は、依然として政治の上層、中核、主流を占め、旧来の内務官僚、財閥、資本家地主的政界人は、実質上厳然として政権の座にある。アメリカの監視のために、辛うじて外形的に渋々ながら言論の自由を認めるといふ声明だけがなされたにすぎぬ。時代錯誤的な治安警察法が新たに復位し、治安維持法のごときは改廃の議にさへ上せられず、マッカーサー司令部の要求によって漸く廃止さるゝに至った始末である。

労働権は民主主義のためにも重要であるという主張は近代化の下で工業国が歩まねばならない当然のプロセスであるといえます。

ただ卑屈にして官尊民卑的伝統深き民衆自身が再教育されることなくして弊害多いことは危惧される。……国民自身の再教育、特に青少年ないし中堅層の訓練―道が遠いが努力は開始されねばならぬ。

このように、国の民主主義化のためにはまずは国民の民主主義化が必要であり、そのための「民衆自身が再教育されること」、つまり、国民の〝自己学習〟の必要性を訴えていました。このように、戦後のわずかな流れの中から、憲法研究者の眼はわが国が何も民主化されていないことを実感して、少しでも民主主義化が進むような憲法草案を構想していたのです。

ところで、憲法研究会の「憲法草案要綱」は、「戦争」の文字を忌避していたため、戦後の民主的研究者からは〝平和憲法〟案だった、と賞賛されています。しかし、同時に「教育」が忌避されていることについては全く論じられていないことは不思議としか言い様がありません。鈴木は「戦争」の文字を書かねば戦争を議論できないはずだ、との理解でした。この構想と「教育」を忌避した理由は同じだと推測されます。

「憲法草案要綱」は〝民主的国民育成憲法〟案だ、と言えると思いますが、私の独りよがりでしょうか。

6．マッカーサー草案には「教育を受ける権利」は無かった

よく、「憲法」はアメリカに押しつけられたという論調がありますが、これが誤解だったことについては、二〇一六年二月二五日のテレビ朝日の報道ステーション「安倍総理〝憲法改正の原点〟…1957年岸元総理の憲法調査会の音声」で古舘一郎キャスターが紹介したように、「戦争放棄」は幣原首相の発案だった事、そのことはマッカーサーの手紙でも明確となりました。

では、「教育」に関する条項は果たしてどうでしょうか。本章ではこの疑問を解きたいと思います。

アメリカ憲法に〝education〟は無い

先ず、アメリカ憲法には"education"は規定されていないことを知っておく必要があります。これは明治憲法とは異なり、アメリカでは州の権限として州法に"education"が規定されているからです。つまり、"education"は地方自治に委ねられているのです。アメリカだけでなく、"education"が憲法に規定されていない国はあります。これ等の国の憲法は明治憲法と同じよう

に元首の采配で"education"を実施しているのでないことが分かると思います。

ところが、マッカーサー草案（一九四六（昭和21）年二月一三日）には"education"が規定されました。この意図は一九四五年一〇月一一日、マッカーサーが新任挨拶の首相幣原喜重郎に対し口頭で命じた人権確保の五大改革指令にありました。その内容は婦人解放、労働組合結成奨励、秘密審問司法制度撤廃、経済機構民主化と共に学校教育民主化があったためと思われます。マッカーサー草案に"education"に関する条文を入れたことは、GHQによる日本教育に対する極めて重要な判断であったことが推測されます。つまり、わが国の戦前の学校教育への批判が強かったことを意味しています。

マッカーサー草案に「教育を受ける権利」は無かった

マッカーサーは日本政府の憲法改正案を拒絶し、ホイトニー等にGHQ草案を一週間で完成せよ、と命じました。この一週間で憲法草案をまとめたことを素人が作成したという批判がありますが、しかし、その裏にはラウエル等による日本占領以前からの研究があったことと、憲法研究会の「憲法草案要綱」があったからスムーズに作業が進んだのです。さらに、憲法研究会が「憲法草案要綱」を発表したとき、研究会のメンバーで英語に堪能な杉森孝次郎がGHQに研究会案を提出していたのでした。そしてGHQ案の作成を、軽井沢で生まれカナダ外務省の役人だったがGHQ調査分析課長としてマッカーサーに招聘されていたノーマンを陰で援助したのが研究者としての知り合いであった鈴木安蔵でした。

一九四六年二月一〇日に民政局によって起草されたとされるＧＨＱのマッカーサー草案の教育に関する条文は第二四条の中に次のように規定されました。

> Free, universal and compulsory education shall be established.

日本の「教育」の改革のために"education"を明記したこともＧＨＱの誤解だったといえます。「教育」は"education"ではないからです。しかし、このことに気付くことはＧＨＱ側は日本人以上に困難であったでしょう。やむを得ない誤解でした。

なお、マッカーサー草案には現行憲法第二六条第一項の「能力に応じて、ひとしく教育を受ける権利を有する。」という規定に関しては全く記されていないことが誰にでも分かります。マッカーサー草案になかった「教育を受ける権利」の規定は、従って日本人が書いたと断言できます。

ＧＨＱのホイットニーは上のマッカーサー草案を一九四六（昭和21）年二月十三日に松本国務相に手渡し、「一週間で（日本側の草案を）完成せよ」と迫りました。

マッカーサー草案の翻訳にはいろいろありますが、先ず、政府が二月二五日に最初に閣議で検討した訳は次です。

無償かつ普遍的な強制教育の確立。

"compulsoly army"は「徴兵制」であり、政府が当初"compulsoly education"を「強制教育」と訳したことは理解できます。しかし、「教育」の強制というのは受講者を二重に束縛する意味となり、日本語的には強圧的になります。そこで、この"compulsoly education"を「義務教育」に改訳しました。そのことにより「教育」の意味を緩和させたと言えます。

「はじめに」に紹介した野村氏の「ボランティアの義務」は強制労働だ、との批判の意味は、このように「義務」は「強制」の言葉の綾として利用されることを示しています。

このことは、右のようなマッカーサー草案の規定が全く変わり、今日の「日本国憲法」第二六条が規定されたことを意味しています。上のマッカーサー草案の教育に関する規定は、「日本国憲法」では第二六条第二項の後段、「義務教育は、これを無償とする。」であることがわかります。親の義務では無く、政府の業務であることが明らかです。国民の三大義務の一つとして子弟に「教育を受けさせる義務」がある、というのもマッカーサー草案には無い観念でした。

ＧＨＱ草案を基本とする新憲法草案の起草を閣議で決定したのは二月二六日でした。日本案が完成したのは三月二日であり、実質五日足らずで完成したことになります。

そのプロセスを次にみてみましょう。

政府の憲法改正案

先に紹介しましたように、既に日本の少なくない憲法改正案には「教育」に関する条項が盛られていました。つまり「教育を受ける権利」という教育観は日本人の観念に元々あったのでした。したがって、そのような立場からマッカーサー草案が検討されることになるのは必然でした。

そのマッカーサー草案の翻訳にあたっては松本憲法担当大臣と官房長官が出席を拒否する下、佐藤達夫法制局次長と白州次郎終戦連絡中央事務局次長が徹夜で起草を開始しました。その作業が不眠不休となり如何に大変だったかが北康利氏の白洲次郎論で推察できます。翻訳が困難な理由の一つにはマッカーサー草案には戦前の日本の政治体制を一部は利用しようとする深謀遠慮があったために、その構造と論理に一貫性がなかったことです。しかし、そのＧＨＱの意図を巧みに日本政府も利用したと言えるでしょう。

教育関係条文が含まれているマッカーサー草案の第二四条は、「有ユル生活範囲ニ於テ法律ハ社会的福祉、自由、正義及民主主義ノ向上発展ノ為ニ立案セラルヘシ」とあまりに内容が雑然としていましたので、整理したいことをＧＨＱに申し入れました。この問題はＧＨＱも同感のようであり、整理に協力してくれました。その結果、教育の条文が独立したそうです。

佐藤法制局次長と白州が徹夜で起草した憲法改正案は三月二日に完成しました。その教育関連条文は次の通りでした。

日本国憲法案（三月二日）

第二三条　凡テノ國民ハ法律ノ定ムル所ニ依リ其ノ能力ニ応ジ均シク教育ヲ受クルノ権利ヲ有ス

凡テノ國民ハ法律ノ定ムル所ニ依リ其ノ保護スル兒童ヲシテ普通教育ヲ受ケシムルノ義務ヲ負フ。其ノ教育ハ無償トス

右のように「教育ヲ受クルノ権利」が政府案としても入りました。マッカーサー草案の規定は政府案の第二項のみが関係しますが、第一項が加味されたのは、二月二日の政府案の「義務」を削除して挿入したことが分かります。この条項は、為政者の立場から問題にはならないとの理解であったことは明らかでしょう。

右の改正案の発表は「要綱」の形式で行うこととなり、法制局の職員が作業を進めました。法制局案は閣議にて検討されます。そして三月六日に政府の「憲法改正草案要綱」として発表されました。要綱案での教育に関する条項は次の通りでした。

憲法改正草案要綱（三月六日）

第二四　國民ハ凡テ法律ノ定ムル所ニ依リ其ノ能力ニ応ジ均シク教育ヲ受クルノ権利ヲ有スルコト

國民ハ凡テ其ノ保護ニ係ル兒童ヲシテ初等教育ヲ受ケシムルノ義務ヲ負フモノトシ其ノ教育ハ無償タルコト

右のような要綱案のように、先の二日の草案が変更された主要点は、第二項の「普通教育」が「初等教育」に改められただけです。

なお、その要綱では、天皇は象徴であること、戦争を放棄することが謳われていました。このような要綱案に対し、マッカーサーは直ちに支持を表明したため、より具体的に条文の検討が行われました。その間、各省庁からも要綱に対する質問を聴取し検討を加えました。

新憲法改正案はこれまでの草案の基本的な論旨と差異はありませんが、文面を片仮名から平仮名に変え、口語体に直しました。これらは翻訳調と感じられないようにするための方法でもあったそうです。このような方針により憲法改正草案が四月十三日に完成します。

四月十七日に政府は次のような憲法改正草案とともに英訳文を発表します。

憲法改正草案

第二四条　すべて國民は、法律の定めるところにより、その能力に応じて、ひとしく教育を受ける權利を有する。

すべて國民は、その保護する兒童に初等教育を受けさせる義務を負ふ。初等教育は、これを無償とする。

その改正案に対する国民、マスコミの支持が強かったことは論を待ちません。毎日新聞（五月二七日）の世論調査によれば八五％の国民が改正案を支持していました。

やがて、枢密院本会議での審議が六月八日に行われました。憲法改正は不要と主張していた美濃部達吉顧問官が退席したことを除き改正案は全員が起立して可決されました。そして、憲法改正案は国会の審議に付託されました。

7．佐々木惣一は「教育を受けるのは権利か」と質問した

枢密院で承認された「大日本帝国憲法改正案」は国会で審議が始まります。「教育を受ける権利」についてはどのように審議されたのかを本章では見てみましょう。その過程で、学界では全く紹介されていない「教育を受ける権利」への疑問があったにもかかわらず、「教育を受ける権利」が新「日本国憲法」に規定された経過を見ましょう。

国会審議過程の概観

枢密院で可決された憲法改正案はその後の政府の検討を経て、訂正されることなく一九四六(昭和21)年六月二〇日に国会に提出されました。その憲法改正案に関する審議の流れは次の図のようになっています。

まず、「憲法改正案」が衆議院に提案されます。本会議では直ちに「憲法改正案委員会」を組織し、議論の場が整備されます。さらに詳細な審議のために秘密会の「憲法改正案委員小委員会」が組織され、具体的な改正案が議論されます。この秘密会の議事録も一九九五年に公開されています。秘密会で決定した改正案が、小委員会、衆議院で可決され、貴族院に送られま

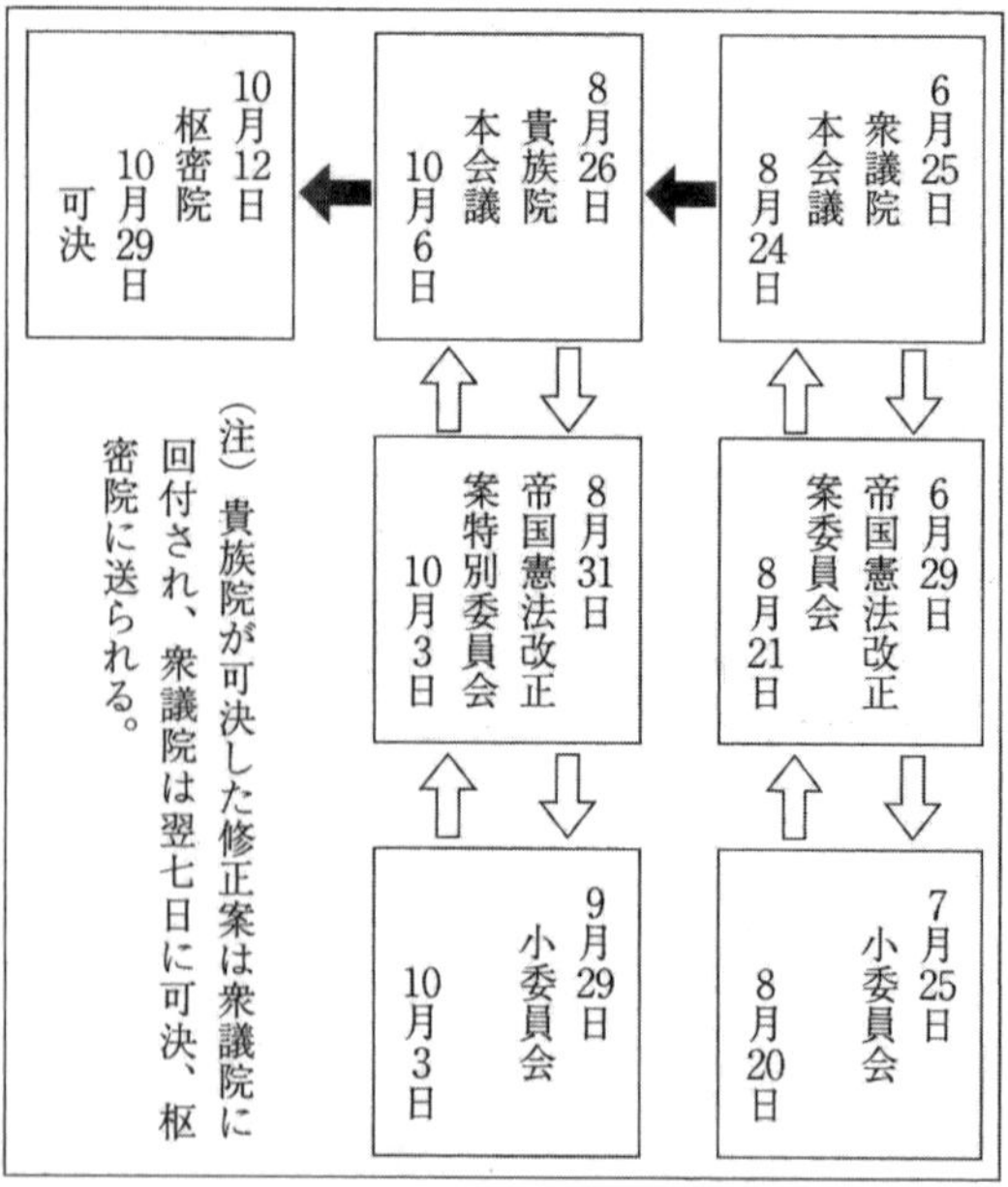

す。

貴族院においても直ちに「憲法改正案特別委員会」が組織され、議論が始まります。そして、衆議院と同様に秘密会の「憲法改正案特別委員小委員会」を組織して改正案を議論します。

秘密会での改正案は特別委員会、貴族院本会議での審議を経て可決され、再度衆議院に回付されました。衆議院でも直ちに可決し、憲法改正案は枢密院に送られました。

右の過程のように議論は展開されましたが、各会議毎に教育に関係する議論の内容を以下に紹介しましょう。

全ての政党に支持された「教育を受ける権利」

衆議院本会議においては教育に関する議論は第七回の酒井俊雄議員の質疑のみで八月二四日には可決しています。昭和二十一年六月二七日の衆議院本会議（第七回）にて酒井議員が行った発言は次のようです。

草案第二十四條第一項には、「すべて國民は、法律の定めるところにより、その能力に應じて、ひとしく教育を受ける權利を有する。」、等しく教育を受ける權利は之に依つて保障をされたのでありまするが、併しながら貧しい者、財力のない者、資力のない者、是等の者に付て果して、規定だけは斯うなつて居るが、此の規定の恩惠に浴する結果が生ずるであらうかどうかと云ふことを我々は考へて見なければならぬと思ふのであります、斯かる意味に於きまして、其の貧しい者、希望があつても教育の受けられない者に對しましては、一定の條件を定めて、其の教育の自由を日本國民に均霑出來るやうな規定をしなければ、實際此の立派な條文も骨抜きになる結果が生ずるのぢはないかと思はれるのでありまます

酒田議員の関心は「教育を受ける権利」の「教育を受ける」具体策の対策にありました。金森国務（憲法担当）大臣と田中耕太郎国務（文部）大臣は出席していましたが、右の酒田議員

の発言に対して会議終了まで何ら答えていません。また、他の議員からも関連する質問は出ていません。

衆議院帝国憲法改正案委員会は六月二八日に組織され、議長の指名による七二名が選ばれて審議を開始します。議論の多くは「すべて國民は、法律の定めるところにより、その能力に應じて、ひとしく」という言葉に対する議論でした。つまり、「教育を受ける権利」の可能性の保障の問題が関心の中心であったのです。

帝国憲法改正案委員会では二一回の会議の内、教育に関する議論は六回行われています。その代表的な議論は七月一八日第一六回における小野（孝）委員と金森憲法担当國務大臣との議論でしたが、金森國務大臣の次のような答弁に締めくくられています。

> 此の憲法の條文を冷やかに讀んで戴きますれば、國家は國民が教育を受ける權利と云ふものを持つて居るのに對して能力に應じて制限をすることがあることは已むを得ない、けれども等しくと云ふ扱ひはしなければならぬと云ふのであります、現實に教育を受けまする ことに付ての諸般の條件を總て國家が供給すると云ふことは、此の憲法の中には毫《(け)》も含めて居ないものと思つて居ります

右の他にも七月二日（第三回）に黒田委員が、五日（第六回）に山崎（岩）委員が、一六日

（第一四回）に高橋（英）委員が、一七日（第一五回）に木村（公）委員と及川委員が、第一六回で小野委員の他に武田（キ）委員、井上（徳）委員が意見の開陳をしています。しかし、多くは議員の意見の言い放しがほとんどであり、質疑応答は行われていません。

この後、秘密会である「帝国憲法改正案委員小委員会」で議論が行われ、「憲法改正案」の具体的な条文の審議を行います。秘密会の小委員会は七月二五日から八月二〇日まで計一三回開催されました。芦田均を委員長とし、委員は一四名が選ばれました。教育についての議論はその一三回の議論うち八月一日までの二回のみです。

小委員会での「教育を受ける権利」に関しては七月三〇日（第五回）に廿日出厖委員（日本自由党）が次のような核心を突いて迫りました。

　第二四條の一項に付きまして能く讀んで見ますと、「すべて國民は、法律の定めるところにより、その能力に應じて、ひとしく教育を受ける權利を有する。」、此の教育と云ふ内容さへ十分突き詰めて此の範圍を法律で決めるならば、今鈴木委員の主張されて居ることが殆ど全面的と言つても宜い位に新しく出來る法律に織込むことが出來るのぢやないかと考へます

「日本国憲法」の審議で、「教育」の概念を質問したのは上の廿日出議員のみです。しかし

ながら、上の質問には閣僚だけではなく政府側委員は誰も応えず、廿日出も再質問せずに終わりました。さらに、他の出席委員からの関連質問もありませんでした。この「此の教育と云ふ内容さへ十分突き詰めて此の範圍を法律で決める」ことは、その後の「教育基本法」でも「学校教育法」でも検討されませんでした。

「日本国憲法」制定の議論で「教育」の概念についての確認はなく、そして、今日でもありません。さらに廿日出委員は次のような発言をしています。

第二四條で宜いぢやないかと云ふのは、「その能力に應じて、ひとしく」とあつて、「教育」と云ふ範圍は、今言つたやうに國民學校から大學まで、「教育を受ける權利」がある、是は民主的な一切を盛つてある、是はもう社會主義のどなたでも是で結構だと思ひます、私がどう云ふ風な立場であらうと全部認められると思つて居る、私、僅かな條文に付てこんなに詳しく考へたことはない、どうしてかと云ふと、教育に關係して居る私だからである、而も委員會で一口も私は言はなかつた、私が一番言はなかつた、けれども、是だけ旨く表現して居るものは私はないと思ふ、其の通りで宜い、「ひとしく」「教育」「權利」と是だけを僅かの中に盛つてある、だから何も彼も是で宜い、憲法は根本の法ですから、さうして其の上に尚ほ法律を是から定めるのですから、何等差支へないと思ふ以上のように、教育については第五回で集中的に、第七回（八月一日）で補足的に議論されたに過ぎません。秘密会ではほぼ原案が了承され「教育を受ける権利」もそのまま残されました。このことに廿日出厖委員の発言が大きく作用したといえます。

廿日出は学校経営者として第一回の総選挙に「君民一体の民主主義体制の確立、国体の護持」をモットーに学校名を冠した日本興誠党より立候補しました。そして当選した後に自由党に移籍したようです。そのような保守的な廿日出が「是は民主的な一切を盛つてある、是はもう社會主義のどなたでも是で結構だと思ひます」と述べていることは重要です。社会主義者とは、一ヶ月前の六月二九日に日本共産党が発表した「人民憲法草案」における「教育をうけ技能を獲得する機会を保障される」を指していることは明らかです。「教育を受ける権利」は保守主義者からも、社会主義者からも支持されていたと言えます。

特に廿日出の発言は、一月二一日の自由党の「憲法改正要綱」においては教育に関しての規定が無かったことを考えますと、政府原案推進の重要な力として働いたであろうことが推測されます。

このように、国体護持を唱える保守主義者も、天皇制に反対していた共産主義者も変わらずに「教育を受ける権利」について賛同したことが戦後の教育問題の発端だったのです。よりさかのぼれば、戦前と同じ「教育」の概念については何ら検討されないままで発表された憲法改正案が、戦後の教育の根本の問題を決定づけていたことが分ります。

小委員会（秘密会）を終えての議論は八月二一日（第二一回）の委員会での鈴木義男委員の発言のみでした。

帝国憲法改正案委員小委員会における「憲法改正案」の確定案は次の通りでした。

八月二〇日第一三回での帝國憲法改正案

第二六條　すべて國民は、法律の定めるところにより、その能力に應じて、ひとしく教育を受ける權利を有する。
　すべて國民は、法律の定めるところにより、その保護する子女に普通教育を受けさせる義務を負ふ。義務教育は、これを無償とする。

上のように、国会に上程された改正案の第一項の訂正はなく、第二項の「初等教育」が「普通教育」と「義務教育」に訂正されていることがわかります。このことについては12章に詳しく紹介します。

ちなみに、昭和二十一年八月二四日に衆議院では採決が行われ、その賛否は賛成四二一名、反対は共産党の八名でした。

佐々木惣一の「教育を受ける権利」への疑問

次に舞台は貴族院に移りました。憲法改正案は貴族院に提案され、本会議で八月二六日より議論が始まりました。「教育を受ける権利」に関する議論は八月三〇日の佐々木惣一議員（無所属倶楽部）による次の発言のみでした。

今度は自ら責任を背負って立つ、ですから、……、此の詰め込み主義でないと云ふことは、生徒が自分で以て頭の中で活動して、之を自家薬籠中のものにして、其の智育を通して人生觀を完成して行くと云ふのには、どうしても一七、八歳の中等學校卒業迄は義務教育にすると云ふこと、又それが即ち國民の受くべき権利であると云ふことの自覺を、青年に起させる必要があります

右の発言のように、義務教育が教育を受ける権利であるということについての再確認でした。
貴族院においても「帝国憲法改正案特別委員会」を八月三一日に設置し、一〇月三日までに五回の議論を行います。
特別委員会は安倍能成委員長以下四五名で一〇月三日までの二四回開催され議論が進められます。その中でも九月一九日の第一七回は、第三章「国民の権利と義務」の逐条審議が行われました。教育に関して最も核心的な議論は次のような佐々木惣一議員の質問と文部大臣の答弁でした。

80○佐々木惣一君　本條の重點は一體どこにあるのでございませうか、總ての國民は教育を

受けるの權利を有すると云ふ處に重點があるのですか、「ひとしく教育を受ける」と云ふ處に重點があるのでありますか、それをちよつと御尋ね致します、………、此の文句は規定ですから、均しく教育を受けると云ふことが權利の内容になるのか、教育を受けると云ふことが權利の内容になるのかと云ふことがちよつと伺ひたいと思ひます

81○國務大臣（田中耕太郎君）　第三章の精神から申しますと「ひとしく」と云ふことに非常に意味があると存じます、併しながら第三章の内容として權利と云ふとを規定して居りますから、權利の方面も矢張り強調してないと云ふことは申し得ない譯であります

右の田中大臣の答弁のように「ひとしく」に問題をすり替え、肝心の議論は深まらずに終わります。佐々木の質問は「教育」の言葉の定義に踏み込まねばなりませんが、それはなされませんでした。つまり、佐々木が最後に質問した「教育を受けると云ふことが權利の内容になるのか」という極めて重要な論点は深まらないままで終えたのでした。この問題を他の委員も追求しませんでした。この議論のように、戦後の教育論は基本的に突き詰めた議論がありません。このことが今日の教育をめぐる混乱の源ともいえます。

上のように「ひとしく教育を受ける」に関する議論は、主として教育を「ひとしく受ける」の考え方をめぐる問題であり、「教育を受ける権利」の問題ではなかったことが分かります。

特別委員会も秘密会の小委員会を開催します。第一回より秘密会の小委員会の設置に付いて

の議論が為されますが、設置が決定したのは九月二八日の第二三回であり、日程的に五日を残す段階でした。そのため、衆議院の小委員会のように集中した議論は行われませんでした。一〇月三日の会議は、特別小委員会の案を受けて特別委員会の案を決定する最後の委員会となりました。

憲法改正案は本会議に戻されました。一〇月五日の本会議では教育については安倍能成議員が発言するのみで終わり、「教育を受ける権利」についての議論は行われていません。

そして昭和二十一年一〇月六日、貴族院では賛成二九八名、反對二名にて憲法改正案は可決されました。さらに衆議院に改正案は戻され、可決されました。

以上のように国会での議論は「能力に応じてひとしく」の議論が中心であり、「教育を受ける権利」についてではないことが分かります。この理念については廿日出議員がお墨付けを与えたのでした。佐々木が提起した「教育を受けると云ふことが権利の内容になるのか」という極めて重要な疑問は全く深まらず、今日まで経過してきたのでした。

その議論の過程で「初等教育」が「義務教育」、および「普通教育」の言葉への変更がなされたに過ぎませんでした。

「日本国憲法」の可決と教育への無関心

枢密院における議論でも教育に関しては殆どありませんでした。「教育を受ける権利」に関しては政府案を検討した段階で終わっていたと言えます。枢密院では一〇月二九日に、定員二四名中、〃憲法改正は必要ない〃という立場を貫いた美濃部達吉など二名が退席しましたが、全会一致で可決され、「日本国憲法」はここに成立しました。

枢密院で可決された「日本国憲法」は周知のように十一月三日に公布され、翌年五月三日に施行されました。新憲法に対する世論の支持が高かったのはいうまでもありません。東京の路面電車は花電車となり、各地で祝賀会が催されました。

以上のように国会における「日本国憲法」審議過程での教育に関する議論が低調であった理由は何故なのでしょうか。このことについて『読売新聞』、『朝日新聞』、『毎日新聞』、『東京新聞』、『日本経済新聞』及び"Nippn Times"の各新聞記事を整理した『日本国憲法制定経過目録』の「日本国憲法制定関係新聞記事目録」から見てみましょう。

目録には「陛下の御発意により憲法を積極改正」が毎日新聞に掲載された昭和二十年一〇月一三日から「日本国憲法」が公布された翌年の十一月四日までのタイトルに国体＝天皇制等を記した記事・社説は七十五編あります。その中で「要は天皇制」が十二月二六日の『東京新聞』に出、「天皇の権限に論議集中（衆院委員会）」が七月三日の『朝日新聞』に掲載されています。しかし、戦争放棄・平和をタイトルにした記事は僅かに六編です。その陰で新聞紙上では教育論に関するタイトルは遂に一度もありません。憲法改正の主たる関心は天皇制の存続であり、教育論はらち外であったことが分かります。

このように、憲法改正の主たる関心が国体＝天皇制の存続にあったことが国会での憲法審議において教育論の議論が低調であった背景だと言えます。そのような状況の中で、「教育される権利」を最初に共産党が提起し、その後進歩的学者が提案した「教育を受ける権利」が民主的な規定である、というように妄信したのではないでしょうか。政府も「教育を受ける権利」は為政者としても問題無いと理解して憲法改正案に盛り込み、それを保守的政治家も追認し、「日本国憲法」が成立したことが分かります。

国会での「教育を受ける権利」に関する主たる議論は「ひとしく教育を受ける」であり、「受ける権利」ではありませんでした。このような議論の内容は二重の意味において臣民観を前提としていたと言えます。第一は、「ひとしく」を議論して「教育は受けるもの」を前提としていたことです。ここに最初から「教育」の言葉が内包する魔性が反映されています。それは日本共産党が「教育される」権利としたことから始まり、誰も気が付きませんでした。

（コラム６）　正当な「教育」関連用語：「軍隊教育」、「企業内教育」

元来、教育は為政者が臣下に行う事なので「教育」の付く用語で正常な使い方は「軍隊教育」、「企業内教育」でしょう。ただ、戦前の日本軍と日産のカルロス元会長の例を見れば分かるように、経営が正しく行われるという意味ではありません。あくまでも言葉の語意としてです。また、「官軍教育」も正当でしょう。

なお、近年の企業では、教育だけではなく、自己啓発が重視されていますが、これも企業への貢献のためでしょう。

第二に、教育を「受ける権利」に関して例外的に佐々木議員が質問した「教育を受けることが権利になるのか」の質問には政府だけで無く誰も応えることはありませんでした。佐々木議員は一九四五（昭和20）年十一月二四日に最初に「教育ノ自由」を天皇に奉答した研究者でした。佐々木議員も再度追求しなかったということは、あるいは氏もその両者の関係について差異を明確にすべきことの重要性に気づいていなかったのでしょうか。と言うより、お上が答えないことをさらにたたみかけてて質問することは戦前の〝良識〟を備えた貴族院議員には困難だったのでしょう。

「教育を受ける権利」は「国民の権利」からはほど遠い臣民的な含意を持ったまま、提案され、「日本国憲法」に規定されたのでした。前に紹介しました福沢の「発育」論や憲法研究会の「憲法草案要綱」において「教育」の文字が忌避されていたことを検討していれば新たな議論が展開されたと考えられますが残念な事でした。

このことは「教育勅語」の生きていた下で憲法改正を論じていたことが大きな要因だと思います。「教育勅語」は「日本国憲法」、「教育基本法」が制定された後、一九四八（昭和23）年六月一九日に国会で失効確認が決議されたのでした。それもＧＨＱからの指示を受けてからであり、日本人が為政者を含めて戦前の教育観に染まっていたことの証左でしょう。つまり、「教育勅語」観の下で「教育を受ける権利」を審議していたという奇妙な情況だったのです。言わば、片山潜の時代的発想を超えていなかったのです。

にもかかわらず、「教育基本法」は「教育勅語」の代わりに制定されたというような論調がよくありますが、このような整理は、教育の問題を混乱に陥れているだけです。

例えば、9章で詳述する堀尾輝久氏は「私たちの先人が教育勅語の軍国主義教育の反省を踏まえてつくったのが教育基本法です。」と述べています（『朝日新聞』二〇〇七年三月九日夕刊）。「このような論が二〇〇六年四月二九日の『朝日新聞』の社説「教育基本法は、戦前の教育勅語に代わる新しい教育の指針としてつくられた。」のような論調と共鳴していたといえます。このような捉え方は歴史的に見ると事実ではなく、教育問題の解明を錯綜させる歴史の歪曲になっていることが分かります。

以上のように、「教育を受ける権利」は日本人の発想によって提起され、「日本国憲法」に規定されたことは明らかです。教育は受けるもの、との思考が国民に染み込んでいたため、及び「権利」という言葉への盲信があったと考えられます。

次に、この「教育を受ける権利」は極めて日本的な論理であることを見てみましょう。

8.「世界人権宣言」は「教育を受ける権利」ではない

それでは一九四八（昭和23）年十二月一〇日に国連で採択された「世界人権宣言」ではどうでしょうか。同宣言の"education"に関する箇所は次のようになっています。

Article 26　1　Everyone has the right to education.

右の英文は中学生でも「教育を受ける権利」とは訳さないでしょう。"to"は「への」とか「対する」であり、「教育に対する権利」とするのが正しいでしょう。ちなみに、「日本国憲法」の公式英訳は次の通りです。

Article 26 All people shall have the right to receive an equal education correspondent to their ability, as provided by law.

「受ける権利」が明確に"the right to receive"となっています。"to"と"receive"では「対する」と「受ける」であり、これは誰にでも分かる受動態と能動態の違いがあります。
ちなみに、「労働の権利」は"the right to work"であり、「日本国憲法」の「勤労の権利」も「世界人権宣言」でも構文が全く同じです。全く同じ英語の構文で"education"を用いれば何故"to"が「受ける」になるのでしょうか。文法的には目的語が変わるだけであり全く理解できないといえます。

わが国での「世界人権宣言」の紹介

ところで、「世界人権宣言」を紹介している著書・資料集は多く発行されています。それらは右の"the right to education"をどのように翻訳・紹介しているかをみてみましょう。国立国会図書館に所蔵されており、「世界人権宣言」を紹介している特に注目すべき訳をしている著書・資料集を整理すると次のようになります。

「世界人権宣言」掲載資料集・著書とその翻訳法

No.	資料集・著書名	編著者	発行所	出版年	英文	toの訳
1	基本的人権	鈴木安蔵	実業出版	一九五一	有り	対する
2	教育条約集	永井憲一監・国際教育法研究会	三省堂	一九八七	無し	への
3	国際人権条約・宣言集（初版）	松井芳郎・薬師寺公夫・坂元茂樹・小畑郁・徳川信治	東信堂	一九九〇	無し	ついて

4	わたしの訳・世界人権宣言	アムネスティ・インターナショナル日本支部	明石書店	一九九三	有り	（コンテスト）
5	国際条約集1994年版	山本草二	有斐閣	一九九四	無し	ついて
6	ベーシック条約集初版	山手治之・香西茂・松井芳郎	東信堂	一九九七	無し	ついて
7	平和・人権・環境教育国際資料集	堀尾輝久・河内徳子	青木書店	一九九八	無し	受ける
8	解説教育六法2001年版	解説教育六法編修委員会編	三省堂	二〇〇一	のみ	受ける

右の表から除いた「世界人権宣言」を紹介している著書・資料集四六冊（種）全てが"the right to education"を「教育を受ける権利」としています。政府関係では一九五〇年六月に国立国会図書館調査及立法考査局発行の『世界人権宣言』が「教育を受ける権利」と紹介しているのを筆頭に、以後の全ての官庁発行の資料集も同じです。このような流れの中で、9章で問題とする「教育権」論の研究者である堀尾輝久氏等も7番の資料集を作製したのでしょう。このように「世界人権宣言」を紹介している著書・資料集の多くが"the right to education"を「教育を受ける権利」としています。（ただし、本書執筆時の再調査は、新型コロナウイルスへの感染を避けるため行っていない。）

"the right to education"を「教育に対する権利」と最初に訳したのは表に明らかなように、鈴木安蔵です。実は、鈴木は「世界人権宣言」が出た翌年には雑誌論文で既に「教育にたいする権利」と翻訳紹介していました（「世界人権宣言の一考察」）。

それから三〇数年を経て永井氏らの「教育への権利」が現れています。「対する」と「への」は表現の違いであり、意味としては同じでしょう。

4番の「to の訳」欄の（コンテスト）とは「世界人権宣言」の訳をコンテストとして紹介していることを示しています。その一つとして"the right to education"を「日本の文部省は…市民の手に教育を返還しなければならない」があります。

なお、3番、5番そして6番の条約資料集では初版後も"the right to education"を「教育についての権利」と訳しています。この"the right to education"を「教育についての権利」と訳すのも好ましいとは言えないでしょう。なぜなら、「ついての」の英語は一般に"as", "about", "on"そして"concerning"等を当て、"to"は当てないからです。

8番の『解説教育六法』は昭和五八年版と五九年版においては第二六条のみですが英文を付記しているという特色があります。このことは第二六条が教育関係条文だからなのか、"the right to education"を「教育を受ける権利」と訳すことに疑問が生じたのかは明らかではありません。その後英文が付記されなくなっています。

ところが同書の二〇〇一年版以降で、「教育を受ける権利」の直後にカッコを付けて"the right to education"の英文を付記しています。表の「英文」の（のみ）とはこのことを示し、それ以外の英文は無いことを意味しています。

なお、人権の解放を目指している個人、団体の資料集も表に掲載していないように、「教育を受ける権利」としています。そのような団体も「教育を受ける権利」に疑いを持っていないことを示しています。さらに、高校生向けの資料集・解説書で英文を載せていても全てが「教育を受ける権利」としています。

以上のような英語の常識とは異なった日本文の紹介になる根源はどこにあるのでしょうか。その根源は、ひとえに"education"を「教育」と訳すことにあるといえます。つまり「教育」は受けるもの、と日本人は考えてしまうからです。しかし、"education"は「(能力を)開発すること」であり「教育」とは作用の方向が逆転するため、英語本来の意味を表せない訳になります。その中で、"to"は「受ける」ではないことに気付いた人が、新たな訳の工夫を試みていると思われます。

また、「世界人権宣言」の文化的条項をより詳しく整理した規約に一九六六（昭和41）年に国連が採択した「経済的、社会的及び文化的権利に関する国際規約」（社会権規約。または国際人権A規約）があります。この規約は日本も一九七九年九月に批准しています。その教育に関する条文は第一三条の冒頭で次のように規定しています。

The States Parties to the present Covenant recognize the right of everyone to education.

この訳を永井憲一氏等は「規約の締約国は、教育についてのすべての者の権利を認める。」としています。

上のように「社会権規約」では「教育についてのすべての者の権利」です。原文に"recive"はなく、やはり「受ける」とはなっていません。"education"を「教育」としても、国際的な規約では「教育を受ける権利」ではないのです。このように、「日本国憲法」と国際的規定では大きく異なることを示しています。

ただ、上のような誤解は政府だけでなく、多くの研究者もそのまま援用してきたとも言えます。これは多数の〃常識〃が正しいというわけではないことの一例です。しかし、少なくとも鈴木安蔵氏、永井憲一氏等の研究では、「教育を受ける権利」ではなく、また山之内一郎氏は「教育を受ける権利」に疑問を呈していたと言えます。

なお、詳しい紹介を省きましたが、「世界人権宣言」においても、〃社会権規約〃においても国際的規程における「教育」権の内容として、技術教育、職業教育を明確に位置づけていることを補足しておきます。

「世界人権宣言簡易テキスト版」の場合

"education"を「教育」と訳すために「世界人権宣言」の理解が困難でした。しかし、国際的な最も基本的なこの文書を若者にも正しくその意図を理解して貰いたいものです。

福田弘氏によれば、ジュネーブ大学のマサランティ教授を指導者とする研究班が、ＮＧＯの一つで人権教育の研修や普及に活躍しているＥＩＰ(平和の手段としての学校のための世界協会)と協力して一九七九年に開発・公表した「簡易テキスト版」があります。「世界人権宣言」を、だれもがまず第一に読んで理解できるようになることが大切であるとの考えから、日常会話で使用されるフランス語約二、五〇〇語のみを用いて宣言を書き換え、宣言内容を五つのカテゴリー(あなた、家庭、社会、国、世界)に分類するなどの工夫をこらして作成されています。「世界人権宣言」の第二六条は次のように書き改められています。

第二六条(あなた)　あなたは学校に通う権利、ただで義務教育を受ける権利をもっています。あなたはある職業を学んだり、あるいは望むだけ勉強を続けることができるべきです。

あなたは学校であなたのあらゆる才能を発展させることができ、どんな信仰をもっているか、出身国がどこであるかに関係なく、だれとでも仲良く生活しつづけることを教えられるべきです。

右の冒頭の部分の英文は、

"You have the right to go to school; to take advantage of compulsory education without having to pay anything"

です。これは「あなたは学校に行って、ただで強制的な能力開発を利用する権利を持っています」と訳すべきでしょう。"compulsory"は「義務」ではなく、「強制的」の意が正しいことについては6章に紹介しました。大事なことは（あなたが）「学校に通う権利」を強調していることです。福田氏も残念ながら"education"を「教育」と誤解し、教育は受けるもの、と理解されたものと思います。

簡易テキスト版の規定のように、"education"は「職業を学び」、「才能を発展させる」ためであることが分かります。"education"とは、政府の決めたことを受けることではないことは明らかです。特に、"education"として「職業を学ぶ」ことが明記されていることは、13章で紹介しますわが国の問題にも関連することです。

「子どもの権利条約」の場合

国連は一九八九年一一月二〇日に「子どもの権利条約」を採択しました。国際教育法研究会による同条約の訳によれば教育については次のように紹介されています。

第二八条［教育への権利］

1 締約国は、子どもの教育への権利を認め、かつ、漸進的におよび平等な機会に基づいてこの権利を達成するために、とくに次のことをする。

(a) 初等教育を義務的なものとし、かつすべての者に対して無償とすること。

(b) 一般教育および職業教育を含む種々の形態の中等教育の発展を奨励し、すべての子どもが利用可能でありかつアクセスできるようにし、ならびに、無償教育の導入および必要な場合には財政的援助の提供などの適当な措置をとること。

(c) 高等教育を、すべての適当な方法により、能力に基づいてすべての者がアクセスできるものとすること。

(d) 教育上および職業上の情報ならびに指導を、すべての子どもが利用可能でありかつアクセスできるものとすること。

(e) 学校への定期的な出席および中途退学率の減少を奨励するための措置をとること。

第1項の「子どもの教育への権利」の英語原文は次のようになっています。

"the right of the child to education"

これは、「世界人権宣言」と同じ構文であることが分かります。大人だけでなく、子どもの立場の場合も教育を「受ける」ではなく、教育「への」権利です。このことは"the right to education"の意味が重要であることが分かります。

また、(b)の「職業教育を含む種々の形態の中等教育の発展を奨励し」や、(d)の「職業上の情報ならびに指導」も"education"と結びついた規定として確認しておくべきでしょう。

なお、(a)の「義務的」については日本の感覚と異なります。このことは「教育」は受けることと日本人は考え、"education"はチャレンジすることと欧米人は考えていることにあるのでしょう。

フランスの〝教育基本法〟の場合

「教育基本法」を改正した（二〇〇六〈平成18〉年）とき、文部科学省がフランスにも「教育基本法」はあるとしてホームページに紹介していた法の原タイトルは"Loi d'orientation sur l' éducation"です。"éducation"は「教育」ではなく、"orientation"も「基本」ではないと思います。直訳すれば「能力開発方針法」でしょう。日本の「教育基本法」の英訳は"The Fundamental Low of Education"です。

その法文で、文部科学省が「教育を受ける権利」としている部分は国連採択のフランス語「世界人権宣言」と同じ"droit á l' éducation"であり、「教育への権利」です。"éducation"であれば「教育」とし、「教育」であれば「受ける」と考えるのは日本人の本性になっているようです。同法の第1条は次のように規定しています。

Éducation への権利は、人格を発達させ、初期教育及び継続教育の水準を高め、社会生活及び職業生活に参加し、市民としての権利を行使することを可能にするために、一人ひとりに保障される。

フランスでは国民の権利が明確に目的となっています。しかし、わが国の「教育基本法」に国民の権利については記されていません。

ちなみに、次章にて分析する堀尾輝久氏は『いま、教育基本法を読む』でフランス語の「教育を受ける権利」の紹介を"droit á l'enseignement"としていますが、この紹介は誤りです。堀尾氏は「世界人権宣言」を重視しますが、何故か正しく紹介しないことがあります。

ドイツで「教育を受ける権利」は誤訳されている

二〇〇六年ドイツのサッカーワールドカップにおいて、日本がクロアチアと対戦した試合会場があるニュルンベルグ市はナチス発祥の地という汚名をそそぐため、戦後は特に人権に関する意識が高いといいます。同市にあるドイツ国立博物館には「人権通り」（または「人権の

道」）（Straße der Menschenrechte）を造っています。同市のホームページをみると上の写真のような「人権通り」が紹介されています。これは三〇本の石柱が並ぶ作品で、石柱には各国の人権に関する宣言が刻まれているそうです。

そこで、ニュルンベルグ市の企業に勤める職業能力開発校卒業生の吉崎亜希子さんに日本関連について写真を撮って貰いました。日本語では「日本国憲法」の「第二十六条　教育を受ける権利」が刻まれています。日本語の上の方に、日本語を翻訳したと思われるドイツ語の文字が見えますが、全文が見えるように編集したのが編扉の写真です。刻まれたドイツ語は次の文です。

ARTIKEL 26：RECHT AUF BILDUNG

ドイツ語の"auf"の英訳は"to"に相当するようです。念のため同市のホームページのこの部分の英語版をみると"the

right to education"とやはりなっています。しかしながら、これらの訳は「日本国憲法」の「ひとしく教育を受ける権利」の公式英訳文である"the right to receive an equal education"とは異なることが明らかです。つまり、「日本国憲法」の"receive"が"to"に変更されています。紹介されているドイツ語、英語の意味は「教育への権利」となります。

このように、日本の「教育を受ける権利」の意味がドイツ語では変更されています。「日本国憲法」の英訳とは異なったドイツ語に誰が、どのような意図で変更したのかが問題となります。

推測すれば、「日本国憲法」の公式英訳ではドイツ人が奇妙に思うからではないでしょうか。何故なら「教育」に相当するドイツの"Bildung"の意味は〝積み上げる〟だからです。〝レンガを積む〟の「積む」です。つまり、知識や能力を「積み上げる」ことだからです。"Bildung"を〝受ける〟では通じないからです。

日本人的な「教育を受ける権利」が権利といえるのかドイツ人には納得できないと考えたからなのではないでしょうか。そして、ドイツ人に分かるように「世界人権宣言」の"the right to education"のドイツ語訳を記し、意訳したのではないかと推測されます。

なお、日本の憲法に相当する「ドイツ連邦共和国基本法」には「すべてのドイツ人は職業、労働の場及び養成訓練の場を自由に選ぶ権利を有する」との規定があります。この点もわが国との大きな差異だといえます。

マララさんは「教育を受ける権利」とは言っていない

ノーベル平和賞を受けたマララさんは演説で「教育を受ける権利」を主張した、と報道されていますが、原文は次です。

> We all want to make sure that every child gets quality education.... I was also one of those girls who could not get education. I wanted to learn.

マララさんは「受ける」のような受け身ではなく、学習のために「手に入れる」のように主体的な自動詞を使っています。このように、日本人は"education"を見ると直ぐに「教育」として教育は「受ける」ものと考えるようです。

なお、高等学校の英語教科書の一つである開隆堂の"Sunshine 3"ではマララさんの活動を"She spoke for the right of education for every child."と紹介していますが、「教育を受ける権利」との関係をどのように解説するのかが問題になりま

（コラム７）　中国の憲法は「教育を受ける権利と義務」である

憲法等に「教育を受ける権利」を規定している国はほとんどありませんが、「中華人民共和国憲法」第 46 条は
「中華人民共和国公民は、教育を受ける権利及び義務を有する。」となっています。

社会主義国の規定と日本政府の最初の「憲法改正案」の規定は同じだったのです。「教育を受ける」であれば「義務」の有無は関係ないことが分かります。

す。

以上のように、「教育を受ける権利」は先進国の中では見られない、極めて日本的な論理であることが分かりました。

9．「教育権」等の言葉の創作で混乱させている

「教育を受ける権利」が国民主権の憲法に規定されたため、民主的な規定だという認識が国民に生じたと思われます。そのために、「教育を受ける権利」を補強する様々な言葉が創作されます。

まず、「教育権」を用いた最初の論文を見てみましょう。

田中耕太郎の明解な「教育権」論

「教育権」を冠した論文の初出は学校教育局長、文部大臣を歴任して一九五〇（昭和25）年に第二代の最高裁判所長官となった田中耕太郎による「教育権の自然法的考察」のようです。

田中は、冒頭で「教育権」について次のように記しています。

ここにいふ教育権（Erziehungsreeht）とは廣義に解すれば、教育を受ける権利又は請求権（Recht order Anspruch auf Erziehung）と教育をなす権利又は権能（Recht order Befugnis zur Erziehung）を含む。しかし本稿において考察しようとしているのはこの第

二の種類のものである。

そして「教育」については次のように記しています。

教育は人間相互の関係であり、そうして教育者が被教育者に対し、ある種の権威を有し、これを指導する関係である。

この定義は国語辞典の定義と大差は無く、普通に理解できると言えます。

田中の論文は、憲法二十六条の「教育を受ける権利」のことは教育学者に任せて、「人間が何故に人間を教育し得るか」について、両親の受託者たることで可能だという論を導いています。その過程で「親の教育権」、或いは「教師の教育権」などを創作して解説しています。そして、「結論」で次のように記しています。

本稿において到達したところは、教育権という一種の基本的な権利が存在すること、それは両親に属する奪うことのできない、自然法上の権利であること、……国家その他の教育擔當者の有する教育権は、両親のこの権利から派生したものであり、両親以外の教育者は両親の受託者たる地位を有するものと観念せられることである。

田中の「教育権」論は明解ですが問題が三点あります。一つは、田中は問題とは考えていないのですが、氏の論は権威者がその他の者を教育することを前提とした、権威者の権能としての教育であり、主権在民の思想とは反する、ということです。そこには、為政者の教育は正義だ、との前提があることです。

他の一つは、親権としての教育権という論理は、親の子どもに対する行為を意味しており、このことは第二十六条第二項の「保護する子女に普通教育を受けさせる義務を負う。」の規定に限定されると言うことです。問題は親の教育権の代行としながら、それは教化になる可能性があることとです。道徳の場合は見破ることは可能ですが、永年に亘る見極めが困難な思想教育の可能性が生じることです。

そして、最大の問題は、「教育」を田中のように定義すれば、結果的に「教育を受ける権利」であっても田中の言う第二の種類の「教育をする権利」論と同じ論理になるということまでを考察していないことです。しかも、第二の種類の「教育権」は「法学者及び教育学者の両方面のいずれからも研究がなされていない」ので、田中が論じるとして、第一の「教育を受ける権利」論の研究に期待を持たせています。

田中の憲法の解釈は「教育」の定義から戦前と同じ論理になることは必然でした。

このような田中の「教育権」論は法学者に継承された可能性があります。堀尾輝久氏は法学出身ですが教育学に転身して田中の論を反面教師として捉えることになったと思われます。

堀尾輝久の理解困難な「教育権」論

「教育権」論を体系化し、教育界を先導した研究者は堀尾輝久氏だと言っても教育界から批判されることはないと思います。堀尾氏は、多くの著作を世に出しており、とても全てを読むことは困難です。本書では、「教育を受ける権利」論に関して特に重要だと思われる堀尾氏の著書と論文に限定しての分析であることをお断りしておきます。

「教育権」論に関する堀尾氏の主著と思われる『現代教育の思想と構造』(以下、書名を記さない。必要なときは『構造』と記す)は、「博士論文を中心に、主題に関係する論文を併せて構成したもの」で教育界で注目され、私が手にしたのは一九七六年で五刷でした。なお、同書は第三部(注)を省いて一九九二年にも岩波書店同時代ライブラリーとして再版されています。さらに、二〇一七年にはオンデマンド版も出されています。教育の専門研究書でこれほどまでに版を重ねているのを知りません。このように、『構造』は日本の教育界に多大の影響を及ぼしていると言えます。

(注)同書は三部構成になっているが、各部のタイトルは無い。他に、第二部の序章にも無い。

私が気になるのは田中耕太郎とは異なり多くの教育研究者と同様に、堀尾氏も「教育」とは何か、「教育権」とは何かを明確に定義せずに論述を進めていることです。「教育権の構造」

の節もありますが、ここでも同様です。そのため、堀尾氏の論述は難解です。

堀尾氏の論理が理解が困難なのは、田中が定義している「教育」と整理している「教育権」の論理とは異なり、「教育を受ける権利」は国民のための民主的権利だという論理で再構成しているためだと思われます。つまり、憲法の第二十六条は普通に読めば田中の論理になりますが、それを無視した民主的規定だという論理をレトリックで論じているため、と思われます。それは、「教育を受ける権利」が規定されるまでの過程を不問にして、憲法が民主的だと言うことを前提として自身の論を説いているからです。そのために、教育を国語辞典の定義で見ている私には読み取れないのです。

例えば、堀尾氏は、「親の教育権」や「教師の教育権」等、国民主権の立場から考えると理解不能な言葉が現れますが、これらは田中が利用していた言葉の応用だと推測されます。その「親の教育権」や「教師の教育権」は、戦前の社会構造下では親権としての教育、聖職者としての教育と理解されていたと思いますので、戦前は妥当な言葉だと思われます。

しかし、戦後の国民主権の民主的社会を前提にすれば「親の教育権」も「教師の教育権」も単純には認められないはずです。親権をかざせばそこには子どもの人権はなくなり、教育と称して虐待が行われているニュースに目を背けたくなることが多々あります。また、戦後は教師も労働者だとの理解が民主的立場だと言われますが、労働者としての教師に教育権があるというのも理解できません。それは単なる仕事としての労働の一端であるはずです。

にもかかわらず、堀尾氏は田中の論文を批判もせず、もちろん引用・参考文献にも上げずに無視しているのです。堀尾氏が、最高裁判所長官である田中の論文を引用・参考も批判もしていないのは、田中が文部大臣となった時、一九四六（昭和21）年六月二七日の衆議院本会議における「教育基本法」に関する議論の過程で「教育勅語が今後の倫理教育の根本原理として維持せられなければならないかどうかと云ふことに付きましては、結論を申上げますと、之を廃止する必要を認めないばかりでなく、却て其の精神を理解し昂揚する必要があると存ずるのでありまます」とし、「民主主義の時代になつたからと云つて、教育勅語が意義を失つたとか、或は廃止せらるべきものだと云ふやうな見解は、政府の採らざる所であります」と述べたように、「教育勅語」を容認する立場であったためだと思われます。堀尾氏は田中論を無視することによって自らの立場を民主的研究者として暗に表明するためだと思われます。

そのため、堀尾氏は全く異なった立場を表明します。堀尾氏は「序」で研究の視座と問題について次のように述べています。

また、注意して避けたつもりの各国の史実の強引な切り取りや、思想家や政治家の発言の部分的引用が、筆者の恣意的操作として批判されるかもしれない。ただそれが、実証も論理も、現実の課題への寄与もと、「盲目」でも「空疎」にでもない研究を欲張った筆者の実験的試みであり、それが今後の研究の完成のために、大胆には過ぎても、許容されうる必要な操作であったことを願うのみである。

言わずもがなことですが、研究は真実の追究です。古代史研究の推理なら必要かも知れませんが、近現代の文献研究に「実験的試み」や「許容されうる必要な操作」は許されないでしょう。しかも研究書は実験ではなく、結果を記すべきものです。堀尾氏は『構造』が「研究の完成」書ではないと言っているのでしょうか。

堀尾氏の過ちは、本書でこれまでに紹介してきた「教育」と奇妙な日本語である「教育を受ける権利」を是認したことから始まりました。片山等が主張した「教受権」論に気づきませんでした(1)。そして、福沢の「発育」論を看過したため、「教育」と"education"の概念が異なることに気づかずに研究を進めたことです。

更に、「平和憲法案」と評価された鈴木安蔵起草の「憲法草案要綱」が「教育」を忌避した意味を考察せず(2)、マッカーサー草案には「教育を受ける権利」の規定が無かったこと、「日本国憲法」の審議過程での佐々木惣一の「教育を受けることは権利になるのか」との疑問を無視しました。

このようなことではヨーロッパ人権思想の"the right to education"と「教育を受ける権利」が同じとして考察しても論理的に整合性が取れず、そのため「実験的試み」とする「恣意的操作」を行わざるを得なかったと思われます。堀尾氏はわが国の幾多の歴史上の事実を看過し、それらの意義を無視していることは明らかです。このような幾重もの過ちを犯して堀尾氏は「教育権」論を体系化したのです。この結果、堀尾氏は保守的議員の「是はもう社会主義のどなたでも是で結構だと思ひます」との主張を補強・展開したと言えます。

（1）　下中彌三郎の「教受権」論については注記で、『国家主義の立場からの教育強制制度』の強化に過ぎないとして、反対したことは注目して良い。」と意味づけている。社会民主党の〝教育を受ける権利〟についても紹介している。しかし、いずれも「日本国憲法」の「教育を受ける権利」との関係を考察していない。

（2）　堀尾氏の研究に「憲法草案要綱」の天皇象徴性論についてはあるが、「教育」を忌避していた事についての論は寡聞にして知らない。

ヨーロッパ人権思想の信奉と誤解

「教育を受ける権利」が奇妙であることに気づかず、このわが国の教育問題の根源の探究に堀尾氏は向かいませんでした。堀尾氏はわが国の歴史に学ぶのではなく、ヨーロッパ人権思想を手かがりにして西洋思想への依存を「序」で次のように記しています。

今日の日本の教育、とりわけ憲法＝教育基本法体制を支えている教育原則と教育思想の究明であり、その思想の根幹となっている近代教育思想の本質と、その現代的有効性とその限界の究明にあった。したがってヨーロッパ教育への関心も、ヨーロッパ近代教育の理念と、その現実に果した役割の分析を通して、近代および現代教育の思想史的問題構造を明らかにすることであり、そこに、わが国の憲法・教育基本法体制の思想と構造の解明の端緒を求めたといってよい。

西洋思想を参考にすべきことは多々有りますが、堀尾氏のような前提の設定は、"education"は「教育」とした思い込み、「教育を受ける権利」と"the right to education"は同じとした信奉と表裏の関係にあることが分かります。

例えば、ルソーが『エミール』で"éducation negative"と記している事を一般に「消極教育」と訳していますが、これでは日本語として意味不明です。"éducation negative"は、元木健氏が解説するように、それまでの"éducation"が貴族のものだとして批判し、近代以降の農民や労働者の働く者のための"éducation"を意味して用いたと考えるべきでしょう。そうでなければルソーが、徒弟になるのは「人間修業をしているのだ」と記している意味を理解出来ません。人権論が強まったヨーロッパの近代化を、"education"＝「教育」として論じる堀尾氏の論は誤解のみを振りまく事になるのは必然です。

明治政府が「教育」に"education"を当てたことを闇雲に利用するのは教育の「思想史的問題構造を明らかにすること」にも「伝統的教育観」の払拭にもならず、むしろ「明治教育」＝

「教育に関する官軍教育」の補強になるだけです。

堀尾氏は資料の利用が恣意的になり、肝心の資料を正しく紹介しない勝手読みがその思い込みを確固なものとして「教育権」論を組むことになります。「実験的試み」という言葉ではごまかせない問題です。

堀尾氏は『教育基本法をどう読むか』（以下『どう読むか』という）で「教育基本法改正の動向と解釈上の争点」との節で、次のように述べています。


たとえばヨーロッパ語で「教育を受ける権利」を表現すれば、英語では"Right to education"フランス語では"droit à l' éducation"ドイツ語では"Recht auf Erziehung"というのですが、それは「受ける」というふうに訳す必要はないのであり、いずれも「教育への権利」でいいのです。


「教育への権利」の解釈については後に詳述しますので、ここでは用語の問題に絞ります。国民が法規を解釈することは易しくなく、一般の国民は堀尾氏のような解説書を信じることになります。しかし、それが誤った解説であれば問題は重大です。

先ず、「教育を受ける権利」やヨーロッパ語を問題にするなら「世界人権宣言」の英文や「日本国憲法」の公式英訳を紹介しないのは公平ではないでしょう。

すでに紹介しましたように、「日本国憲法」の政府公式英訳では「受ける」が"receive"と明確に訳されていました。しかし、「世界人権宣言」のそれは「受ける」を表す用語は有りませんでした。「世界人権宣言」を最初にわが国に紹介した鈴木安蔵はそれを「教育に対する権利」と訳していました。その後、「教育を受ける権利」と紹介したのは日本政府であり、堀尾氏をはじめとした大半の研究者が政府訳を踏襲していることも明らかです。

なお、「世界人権宣言」のドイツ語訳は"Recht auf Bildung"ですが、堀尾氏は"Recht auf Erziehung"としています。堀尾氏が"education"のドイツ語訳を"Erziehung"としたのは、"Erziehung"が「引き出す」という意味を内包しているため、ドイツ語訳を調べずに「教育」にもそのような意味を持たせたい、とする願望の現れではないでしょうか。つまり、「教育」を「積み上げる、形成する」という意味よりも「引き出す」のように考えたいとの意図があったのではないでしょうか。ここにも誤魔化しがあったと言えます。

また、堀尾氏は、子どもの権利に関して次のように述べています。

> 「教育を受ける権利」は、近代における「子どもの人権」の思想につながり、子どもの人権の中核をなす学習権の実定法的規定であり、子どもの学習権が、仮空の抽象的権利としてではなく、現実的かつ有効な権利として認められたことを意味する。

右の「学習権」と「教育を受ける権利」との関連については論理を読み取れません。7章で見ましたように「子どもの権利条約」でも「受ける」ではありませんでした。
研究者の著述を読者は批判するよりも信じるでしょう。読者は堀尾氏を信じ問題は拡大していくのです。

「教育を受ける権利」の祝詞化

堀尾氏は田中耕太郎論の流れと思われる法学協会編の『註解日本国憲法』が解説している第二十六条について次のように批判しています。

⑴　教育を受ける権利として国民の側から把握するものと、⑵国家が教育に関し配慮すべきものとして、国家の側から捉えるものの二つの型に一応分類する。しかし、「このように規定の仕方は異なるにしても、その実質は同じであることが多い。……いずれの規定の仕方を選ぶかは本質的な問題ではない」とのべ、この型の差異に大して重要性を認めていない。

右の批判のように、先に田中耕太郎が分析した二立する「教育権」論の整理を批判しています。同様な論理で、「宮沢俊義氏の基本的人権に関する近著においても、『教育を受ける権利』の画期的意義についてはほとんどふれられていない」と批判しています。そして、『教育を受ける権利』の思想を正当に評価できず、その（「伝統的教育観」の意：筆者注）思想のもつ問題性そのものをとらえていない」と「教育を受ける権利」の意義を強調しています。

そして、「教育を受ける権利」がソビエト憲法から始まり、「日本国憲法」に規定され、「世界人権宣言」にも規定されたとして、「教育を受ける権利」は「人類共通の思想的財産となった」と礼賛しました。

しかしながら、堀尾氏が「教育を受ける権利」と言うソビエト憲法の原文の英語訳は「世界人権宣言」と同じ"the right to education"です。ソビエト憲法でも「教育を受ける権利」ではないのです。堀尾氏の論理は「教育を受ける権利」がソビエト憲法にも有ったとして、民主的だと言うことを印象づける「実験」ではないでしょうか。

堀尾氏の礼賛は「教育を受ける権利」への批判を許さない祝詞（のりと）となりました。いわば、ねつ造した〃錦の御旗〃の役割を果たしたのです。そして、その礼賛は結果的に国民の誤解を固定させる元凶となっています。

マスコミも、革新的な政党も堀尾氏を担ぎ、氏の「教育権」論を紹介するため、ますます研究者は堀尾氏を批判することが困難になったと思われます。

「教育への権利」への転換のジレンマ

さて、堀尾氏の論は『どう読むか』において、「教育を受ける権利」を否定した「教育への権利」の論理へと転換しています。英語でいえば"receive"を止めて"to"にしたことになり、真逆の論理に豹変しています。

"receive"を"to"に変更すると主語と述語の立場は反転するのではないでしょうか。「教育を受ける権利」を重視していた立場とは違った反対の論である「教育への権利」とするのは、一八〇度の論理の転換を行ったことになります。その転換は思想、理論が発展しているとするなら、旧理論の問題を明らかにして論述すべきだと思いますが、そのような自己批判はありません。それは憲法を否定しないという民主的研究者に許される範囲なのでしょうか。

関連して「人権としての『教育への権利』は、当然『受ける』ということも入るし、『要求する』ということも入ります。」との解説は、私には日本語的に理解出来ません。

従来の「教育を受ける権利」と言っていた時よりも「教育への権利」という方が幅が広がる、という意味だとしても、論理が理解出来ません。「への」中に「受ける」が入る、という理由が読み取れないからです。「世界人権宣言」も同じであるとすれば英語の"to"には"recaeve"の意味が入るという意味になりますが、そのような解説を英語文で書いたときに英語圏の人は理解できるのでしょうか。

なお、「世界人権宣言」については、一七年後の『いま、教育基本法を読む』（以下『いま読む』と記す）においても基本的に同じ論旨で解説しています。

『どう読むか』の九ページでは「さらに、憲法二六条の教育を受ける権利の意義をどこまで深くとらえるかが重要です。」と記していますが、「教育を受ける権利」を深く捉えた結果が「教育への権利」になる、ということなのでしょうか。このことについて、『どう読むか』に「教育への権利」に関して次のように述べています。

教育への権利　このことに関連して私は「教育を受ける」という表現にも問題があると思っています。少なくともそれは「教育への権利」という表現の方がよいと思っています。たとえばヨーロッパ語で「教育を受ける権利」を表現をすれば、英語では"Right to education"フランス語では"droit à l'education"ドイツ語では"Recht auf Erziehung"というのですが、それは「受ける」というふうに訳す必要はないのであり、いずれも「教育への権利」でいいのです。世界人権宣言二六条の表現もそうなのです。人権としての「教育への権利」は、当然「受ける」ということも入るし、「要求する」ということも入ります。要求し、受け、そして押しつけられたものに対しては「拒否する」という内容を持っているのが、本来の「教育への権利」なのだと思うのです。

ここで、「世界人権宣言」の用語を問題にするのであれば、国際的な共通語である英語で紹介すべきでしょう。ヨーロッパ語を問題にしながら、問題の論理が理解できません。

「世界人権宣言」や「日本国憲法」を重視する堀尾氏が、ヨーロッパ語を問題にしながら、宣言の原文や憲法の公式英訳を紹介しないのは何故でしょうか。小田嶋隆氏が記すように、「書き手が何かを隠蔽しようとする時、文章はポエムの体裁を身につけざるを得ない」ことを表しているようです。ポエムは耳障りが良いものですが論文としては読めません。

また、「憲法二六条の『教育を受ける権利』という表現が、果たしてこれでよいのだろうかということも問題で」あるとしていますが、何が問題なのかの解説はありません。「教育を受ける権利」が問題であれば、それを分かり易く解説するのが研究者の役目でしょう。しかも、自からが体系化してきた「教育を受ける権利」の何が問題なのかを述べない故に「教育への権利」へ転換する意味も理解出来ません。

そして、「私自身は」「従って条文の解釈としても、『教育への権利』というふうに読むべきであるという主張をしているのです。」との説明も、何故に「読むべき」なのかが理解出来ません。

上の一連の解説は憲法二六条に関する堀尾氏の新たな解釈であり、「教育を受ける権利」から転換したことを意味しています。先にも記しましたが、まさにコペルニクス的転回です。それも同じ研究者が唱えているという不思議です。どちらが正しいと言うのでしょうか。

堀尾氏は『構造』を刊行した一四年後の『どう読むか』で「教育への権利」に転換したので

す。しかしながら、『どう読むか』刊行後も、四〇年近く刊行が継続された『教育基本法』に掲載している『構造』の基本的論点を記した「義務教育」の「教育を受ける権利」論については度々改定する可能性はあったにもかかわらず、全く訂正していません。「教育を受ける権利」も「教育への権利」も堀尾氏にとっては、その時々の著作のトーンを表しているだけで、堀尾氏の一貫した思想と構造では無いようです。それは、一九九二年に再版した岩波書店同時代ライブラリーを出すときにも、全く訂正した箇所は無いことにも現れています。（注　例外的に149ページに引用した「問題性」は『ライブラリー』版では「問題提起性」に訂正されている。）

堀尾氏の解説は「教育を受ける権利」から「教育への権利」へ論理が発展している、ということでしょうが、発展であれば、従来の論の問題を整理し、批判しなければなりませんが、それは無く〝発展〟の論理が理解出来ません。それはレトリックとしか思えません。むしろミスリードによって「教育を受ける権利」論の過ちを誤魔化しているように見えます。しかも、「教育を受ける権利」の完全な否定も無く、「教育への権利」にしなければならないという論理もわかりません。

堀尾氏は『どう読むか』第一節の最後に「誰が、何を『正しい認識』と判断するのか、この点にとくに注目しつづける必要があるのです。」と記しています。堀尾氏の論についても同様に、読者が「正しい認識」を得なければならない、と思いますが、以上の紹介のようにそれは困難です。

なぜなら、「教育への権利」は日本語として成り立つのかの疑問が先ず沸くからです。これは「教育」の定義に関わりますが、『広辞苑』の定義では国民の権利としては成り立たないからです。

ところで、「教育を受ける権利」を「教育への権利」に転換したことで、それまでの論の誤りを訂正したり、読者に謝罪した記述は『どう読むか』にも『いま読む』にもありません。ということは、堀尾氏自身は何も変わっていないという認識なのでしょう。このことは、用語を次々に新造しても「教育を受ける権利」の概念に対抗しないかのような解説をし、或いは転換した筈の「教育への権利」論の中でも「教育を受ける権利」を批判せずに使っており、いったい、どれが真に堀尾氏の論なのか不明であることに表れています。

たとえば、「義務教育」の論文ではすでに「教育の自由」、「教師の教育権」、「権利としての教育の思想」、「子どもの学習権」、等が「教育を受ける権利」を肯定する立場から記されています。

そして、『どう読むか』でも、「人権としての教育」、「教育の自由」、「教師の教育の自由」、「親の教育参加の自由」等が使用されているのです。

このような用語は深く考えなければ読み飛ばしますが、未定義のままの「教育」を用いて新語を創ってもそれはどのようなことを意味しているか理解出来ません。このように、色々と類似語を造作して使用し、「教育への権利」の理解をますます困難にしています。

しかも、「教育を受ける権利」とは全く真逆の「学習権」という論理を同一の著書で併存して用いています。学習権が正しいとすれば、教育を忌避して「学習権の研究」として再構築すべきではないでしょうか。また、そこでは「子ども」と限定していますが、学習権は子どもに限られるはずは無く、全ての国民に有るはずです。

例えば、「国民の学習権」では、「この教育を受ける権利の規定、憲法第二六条をささえている教育の思想も、じつはそういう発達の可能態としての子どもの権利を保障する。」として、「教育を受ける権利」を否定していないのです。しかも、「子ども」に限定しています。「親の教育権」と「子ども学習権」は二律背反です。このことを「国民の教育権」の下にまとめようとするためのレトリックで論じているのです。

さらに、堀尾氏が「教育への権利」を主張した後に編集している『平和・人権・環境教育国際資料集』では「世界人権宣言」の"the right to education"を「教育を受ける権利」と紹介していますが、このことは論理矛盾です。ところが、同資料集の参考文献として、当該部分を「教育への権利」と紹介している永井氏の条約集を上げており、二重の論理矛盾を呈しています。

近年の「人権としての教育と国民の教育権」では「憲法と教育の関係を問う際、人権条項の一つとして列記された『教育を受ける権利』(二六条)が注目されるのは当然のことだが，問題はそこでの『教育』とは何かであり，さらに『受ける権利』を保障するのは国であるという短絡的結論をも導きかねない。」と記していますが、「教育を受ける権利」を否定した論理は記されていません。『教育』とは何か」と問いながら、堀尾氏は本論でも「教育」の定義をしていません。このように「教育」の未定義のままではいくら解説しても『受ける権利』を保障するのは国である」を否定する論理は出てきません。

また、同上論で「二六条は…『教育への権利』規定として読まれねばならない」と記していますが、上の「教育を受ける権利」を否定した解説とはなっていません。その注記で「right to education は『教育を受ける権利』と訳されてはならない。」とも記していますが、「世界人権宣言」の説明も無く、この論文単独では意味不明です。

このようなことを総合すると、堀尾氏が『どう読むか』でいう「教育への権利」とは、基本的に「教育を受ける権利」を認めるという論理のようです。自己破綻の論理であるといえます。

「豹変」とは本来「君子は過ちを認める」との意ですが、豹変ではなかったのです。堀尾氏は君子ではなかったことになります。

10. マルクス言説が創作され、批判されていない

堀尾氏の西洋思想への傾倒については先に紹介しましたが、民主的と理解されていたマルクスの思想に「教育権」論を関連付けられるとより革新的になると思う人もいると思われます。また、「『教育を受ける権利』の祝詞」は、その根源にマルクスが位地付くことを説明するとより説得性が強まると言えます。このための論理を構築することも「実験」されました。

堀尾輝久のマルクス言説の創作

堀尾氏はマルクスの考えとして次のように記しています。

マルクスも、当然のことながら、「教育が国民の権利」であり、「政府の義務」だと考えた[19]。

右の注記19は「マルクス「臨時中央委員会代表に対《ママ》する個々の問題についての指示」『マルクス・エンゲルス選集』第11巻、大月書店、160 頁。」となっています。そこで、『マルクス・

エンゲルス選集』第11巻を探査しました。

ところが、『選集』の「指示」には堀尾氏が引用したマルクスの言葉だろうと思われる「教育が国民の権利」及び「政府の義務」は記されていません。奇妙な慣用句である「教育が国民の権利」等は堀尾氏の創作だと言えます。

『選集』の160頁は157頁から始まる「4　児童と少年（男女）の労働」の最後の5行と、「5　共同組合労働」が始まる頁であり、全く教育論はありません。確かに159頁には「教育」の三つの種類を掲げ、最後から160頁にかけて「技術学校への出費は、一部分はその製品の販売によってまかなわれなければならない。」（注：この意味は今日では少なくなっていますが職業訓練校が実施している製品を製作する「受託実習」を意味します。）と記されていますが「権利」とは関係ありません。

「義務」については158頁に「中流および上流階級が自分自身の児童に対する義務をおこたるとすれば、それは彼等の過失である。」としていますが、意味が異なります。

ちなみに、堀尾氏が『選集』の「指示」のタイトルとして注に記した「対する」は、『選集』では「たいする」です。

さて、矢川徳光氏は堀尾氏の『構造』出版の前にマルクスの教育論を整理し、「Ⅲ　宣言と綱領的要求」の4番目に「第一インターナショナルの指示」を紹介していますが、その原典は次のようになっています。

マルクス『臨時中央委員会代表にたいする個々の問題についての指示』〔選集第11巻 157―60ページ〕

右の引用は堀尾氏が記した参考文献と同じことが分かります。ただ、『論集』への転載は「指示」の全文ではなく「4 児童と少年（男女）の労働」の節タイトルを除いた本文のみです。つまり、「第一インターナショナルへの指示」は矢川氏が抜粋転載した4節の本文に付けた仮称でした。

その「指示」の「解説」で矢川氏は「そのような教育と生産との結合ということは、…『第一インターナショナルの指示』のなかで明確に定式化されており、…綱領的要求である。」と述べています。

つまり、矢川氏は堀尾氏が利用した「指示」の意味として「教育の権利」や「政府の義務」については触れていません。「教育と生産との結合」が「綱領的要求」であることを重視して紹介しているのです。

ただ、その前に「無償の教育」の項があり、「a」にエンゲルスの『共産主義の原理』の部分を、「b」に『共産党宣言』から引用し「すべての児童の国家による無料教育。」を転載しています。

「共産党宣言」の発表は一八四八年であり、「指示」は一八六七年であるため、マルクスは既に「教育が国民の権利」だと考えていたと推測しても間違いではないかも知れませんが、文献研究の論述としては疑問です。その一つに、膨大なマルクスの著作の中から何故「指示」を選んだのかの疑問が生じますが、このことは以下の整理から推測できます。

矢川徳光編『マルクス＝エンゲルス教育論』の流用

堀尾氏は次のようにも記しています。

　同じ頃、マルクスは、「第一インターナショナルへの指示」のなかで、「児童と少年の権利」を守るのは「社会の義務」だとのべている(41)。

右の注（41）は矢川氏の『論集』の70頁のことです。ここで、右の「　」の語句は矢川『論集』からの引用であり、堀尾氏の言葉ではありません。

しかしながら、先に紹介しましたようにマルクスは「第一インターナショナルへの指示」は書いていません。このことに気づかなかったのは堀尾氏が『選集』を読んでいなかったからだと言えます。『選集』を読んでいて「第一インターナショナルへの指示」を使うのならその前に「矢川が名付けた」等の説明を付けるべきです。

また、マルクスの『選集』を読んでいれば、原典は先に利用した『選集』と同じ「指示」ですので、『論集』からではなく原典である『選集』から引用するのではないでしょうか。その場合、注記は堀尾氏の19と同じで、頁は158頁となります。

なお、堀尾氏が論述しているこの節は「教育を受ける権利をめぐる問題」の「教育を受ける権利の歴史」ですが、先の矢川氏の「解説」でも分かるように、上の引用箇所は教育論の文脈ではありません。もっとも、教育も社会の義務の一環であると言えますが、研究としては二重の偽証をしていることになると言えます。

さらに、堀尾氏は次のように記しています。

> マルクスもまた、教育は国民の「権利」であり国家が教育の機会について配慮すべきことを主張している(8)。（傍点：堀尾氏）

上の注(8)は矢川編の『論集』の71頁を指しています。ところが、上のような文意は矢川の『論集』には無く、堀尾氏の創作（捏造）です。「権利」の言葉は70頁にありますが、「児童と少年の権利」です。このことは堀尾氏が矢川氏の論集もきちんと見ていないことを示しています。と言うより、これは正しく引用しない矢川氏の『論集』への冒涜です。

先に記した疑問である堀尾氏が「指示」を選んだのは、矢川氏の『論集』のみで推理したからだと推測されます。堀尾氏は「教師になってすぐの頃、大学院で初期マルクスや疎外論をやった」そうですが、『選集』第11巻を見ずに推論したために誤ったと言えます。偽証ではなく推理だったのです。

また、マルクスが「指示」で強調していた〝教育〟論は「教育と労働との結合」であり、工業学校の設立でした。堀尾氏は「部分的引用」ではなく、マルクスの異なる論旨の箇所の用語を摘まみ食いして「教育権」論に流用したのです。13章に詳述しますが、堀尾氏の「教育権」論は労働問題・職業問題を忌避する思想がここにも見られます。

堀尾「教育権」論の確立と国際的孤立

以上のような堀尾氏が主張する教育に関する論理では、国民の爲の論理にならないのは明らかです。なぜなら、自民党の憲法改正案は「教育を受ける権利」の訂正がないからです。「教育を受ける権利」を否定しない堀尾氏の論と自民党の憲法改正案とはどう違うのか第三者には理解出来ないでしょう。教育のブラック性を否定せずホワイトに転換することは論理的にも困難なことは明白です。

ところで、堀尾氏の学会運営に関する批判は有りますが、氏の「教育権」論に付いての批判は寡聞にして知りません。しかしながら、堀尾論を賛美する評は少なくありません。

例えば、鈴木祥蔵氏は『構造』の書評で、「この書は、わがくに教育学界における最近のもっとも注目すべき労作の一つといっていいであろう」。また「第2部第1章は『教育を受ける権利と義務教育』…の論文も、やはり『付論』のより精密なより教育思想上の問題史的展開であるといえるであろう」。そして「全体を通読して、憲法教育基本法の根本理念は極めて高い水準において学問約に裏打ちされ、とくに『教育における正義の原則』というH・ワロンとランジバンとが提起した教育における機会均等の概念を明確に自覚することに成功した功績は甚だ重要である」と賞賛しています。

しかしながら、鈴木氏の評価も"education"を誤解のままの西洋思想を前提とした「教育を受ける権利」を支持する立場で「通読」した論評であることが分かります。

教育学の中核的学会である日本教育学会の機関誌で、革新的教育研究者であった高名な鈴木氏から右のように評価されると、教育界の他の研究者からの批判は出にくいのではないでしょうか。教育学界で批判が無ければ、国民もまた堀尾「教育権」論に間違いは無いと思うでしょう。このようにして、堀尾氏の教育界での権威が確立したと言えます。

堀尾氏の「教育権」に関する〃精緻な論〃は「教育」と「教育を受ける権利」を是認しての「通読」では見破れず、教育学界で認められ不動の地位を確立しました。それは、「教育を受ける権利」を否定しないという、憲法を守る政治的立場が支持されたからだと言えます。しかしながら、一人ひとりの国民の発達と能力の開発に関する論理の構築にとっては甚だしい誤認をもたらし、教育改革の根本を見失わせたと言えます。つまり、教育についての堀尾氏の論は、小田嶋隆氏が述べるように、本質を解説せず、検証できない、民心が期待する言葉で、造語を言い放し、誤魔化していると言えるのです。

この理由の根本は、やはり堀尾氏が「教育」の定義をしていないことにあります。憲法や法律も定義していないため、自民党はどんどんと教育を明治化・〃官軍〃化させているのです。教育を定義せず、教育を用いれば、為政者の論になるのは田中耕太郎の論文から明らかです。国体の護持を主張していた廿日出が「日本国憲法案」の審議で「教育を受ける権利」に賛同したことが思い起こされます。

このようにして、わが国の教育論は先進国とは全く異なる論理で構成されることになりました。このことは、濱口桂一郎氏が「…世界共通の政策課題として徒弟制がこれだけ取り上げられているのに、…日本の発言者としては出ていない」と紹介しているように、国際的な会議で、わが国の代表は徒弟制について一言も発言できない情況が示しています。つまり、職業教育訓練を忌避する「教育権」論で育ったエリート官僚の思考は、国際的に重要な課題である徒弟制の議論に参加できなくなっているのです。このことは8章に紹介したいくつかの事実からも言えると思います。

為政者が解釈することを、堀尾氏が解釈により批判しても、為政者の論を変更させることは不可能でしょう。そのため、堀尾氏の「教育への権利」論によっても、国民の能力の向上を保障する施策を実施する事はできないと言えます。

そして重要なことは、「教育」を容認している下では、「教育勅語」の賞賛が常に再生されると言うことです。

国民のためには教育を忌避して、新たな体系を構築すべき事が必要だと言えます。

第二編のまとめ

「教育を受ける権利」の語句はマッカーサー草案にありませんでした。また、ＧＨＱが日本人の提案の中で唯一参考にした憲法改正案には「教育」が忌避されていました。そして、ソビエト憲法も「教育を受ける権利」ではありませんでした。さらに、「世界人権宣言」や各種の国際的宣言では「教育を受ける権利」ではありません。

「日本国憲法」の審議過程で佐々木惣一が提起した「教育を受ける権利」への疑問は無視されましたが、戦後の教育研究者もこのことを看過しています。

にもかかわらず、戦後の「教育権」論の代表となる堀尾輝久氏が体系化した「教育権」論は、戦前の「教育を受ける権利」論や、戦後の様々な「教育を受ける権利」に関する問題を看過して構築されたといえます。歴史の真実を見ない問題が生じています。そして、法令の権威者となる田中耕太郎の「教育権」論を無視して、「教育を受ける権利」は国民のための権利として構築されたのです。

しかも、堀尾氏は原文を正しく紹介しない問題があり、堀尾氏の「教育権」論は調べると読者を惑わす論述が混合しています。その中には、マルクスだけでなく、矢川徳光氏が記したかのように読者に思わせるミスリード（「実験的」な「操作」）をしています。この「操作」は、「マルクス主義と近代の原理がどう関係するかという」ことは「マルクスを抜きに理念は考えられない」と述べているように、「教育を受ける権利」が民衆的権利だと言うことの証明となるように読者に信じさせようと目論んだからではないでしょうか。ソビエト憲法の前段としてマルクスに「端緒を求めた」「実験」だったと思われます。

当時、民主的研究者も国民も、ソビエトが民主的だとする観念が広まっていましたが、ソビエト憲法の前段として「教育を受ける権利」論がマルクスにもあったかのように示すことによって、「教育を受ける権利」が革新的であると世論に訴えるためではないでしょうか。

本書に紹介したことは堀尾氏にとっては些細なことかも知れませんが、戦後教育の基盤である「教育を受ける権利」の本質的な論理の解説であり、問題となる「実験的試み」・「恣意的操作」であると言えます。

しかしながら、堀尾氏の実験・操作に対しての教育学界での批判を知りません。それは「実験的試み」で「許容されうる必要な操作」だ、との理解なのでしょうか。あるいは、「教育権」論は平和憲法を守るという政治的立場と見なされ支持されているのでしょうか。堀尾氏はその美辞麗句とレトリックにより結局は国民に幻想と誤解を与えていると言えます。

このような現状を打開するためには、大田堯氏の〝教育は官製語〟、〝教育の訳にeducationを当てたのは誤り〟との反芻から再出発すべきと言えます。

第三編　派生している問題

「世界人権宣言」(1948年12月10日採択)

第23条[労働の権利]　1　すべて人は、労働し、職業を自由に選択し、公正かつ有利な労働条件を得、および失業に対する保護を受ける権利を有する。(以下略)

第26条［教育への権利］　1　すべて人は、教育へ　の権利を有する。教育は、少なくとも初等および基礎的な段階においては、無償でなければならない。初等教育は、義務的でなければならない。技術教育および職業教育は、一般に利用できるものでなければならず、また、高等教育は、能力に応じ、すべての者にひとしく開放されていなければならない。(以下略)

(永井憲一監修『教育条約集』より)

Article 23　1 Everyone has the right to work, to free choice of employment, to just and favourable conditions of work and to protection against unemployment.

Article 26 1 Everyone has the right to education. Education shall be free, at least in the elementary and fundamental stages. Elementary education shall be compulsory. Technical and professional education shall be made generally available and higher education shall be equally acccessible to all on the basis of merit.

(223ページ参照)

11．個性が無視され横並び人間観が醸成されている

兵隊には号令に従って皆同じ行動を求められますから、部下の教育は画一的に一斉訓練で行うのが当然になります。それは「上官の命令は天皇の命令」だったからです。地域では「トントントンからりと隣組」と一体感が求められました。

ところで、今日のわが国の学校における実態も一斉講義の画一的教育ではないでしょうか。これは、「教育を受ける権利」の下での教育であるための必然ではないでしょうか。「はじめに」に紹介した学生さんが疑問を投げかけるのは当然でしょう。

本章ではこの「教育を受ける権利」が個性を無視することを考えてみます。

教育による集団意識の形成

日本人はよく「個性がない」と言われます。従って教育目標が「個性尊重」を標榜しなければならないのです。個性のない国民であることをこの教育目標が証明しています。個性的な人間ばかりであれば、個性尊重を主張しなくとも良いはずです。

「個性」に対置する概念は「団体性」や「集団性」です。個性がないということは集団的だ

と言うことになります。日本人の「集団性」は民族独自の性格なのでしょうか。あるいは教育の「成果」なのでしょうか。農耕民族であることを理由に前者を唱える理論もありますが、それればかりではなく、後者によっても形成されたのです。

それでは、日本人の集団意識はどのようにして育てられたかというと、寺子屋での養育ではなく、明治以来の学校教育で教育されたのです。よく知られる寺子屋での自由な学習状況の図と、今日の教室で規律が守られた対照的な姿が浮かびます。しかし、集団意識の形成は教授法によるだけではありません。

その手本は軍隊にあったようです。それはまず、学生服・ランドセルの着用であり、体操の実施であり、運動会の開催、そして修学旅行の行事化でした。これらは陸軍の制服・背のう、兵式体操、行軍旅行を模倣したそうです。今日では当たり前になっている様々な学校行事が、集団意識の向上のために明治政府によって奨励されたのです。

このような各種の学校行事等を強力に推進したのは初代文部大臣の森有礼でした。ただ、森が兵式体操をモデルとして学校教育に導入した意図は、「日本人ハ元来此緊要ナル教育外教育ヲ怠リ日常万事ニ不規則ナルコト実ニ甚シ」と危惧し、教室外教育としての徳育・体育を重視し、「品性ヲ陶養スル」ためでした。

森の進めた「品性陶養」の目的は、意図とは異なり日本人の「集団性」教育として成功したと言えます。そして、日本人は個性が無くなったのです。言うまでもありませんが、軍人には個性は認められません。号令に従って行動することが求められるからです。

しかし、上の各種の学校行事よりも、恐らく最も重大な影響を与えたのは「教育勅語」だったでしょう。「教育勅語」が〃奉読〃される前では誰一人として私語は出来なかったのです。寒い冬でも鼻水もすすれなかったのです。「教育勅語」の前では「個性」は発揮できなかったのです。全ての臣民は心を一にして〃国体〃に尽くさねばならなかったからです。

すなわち、「教育」は教育を施す立場から受ける者を集団的に指導することであり、個性の尊重とは反することを求めているのです。個性とはもって生まれたものであり、当然一人ひとり異なります。異なるから個性です。その個性を更に伸ばすためには集団的な一斉的な教育で行えるわけがありません。個性を伸ばすためには、教育ではなく潜在能力の「開発」でなければ不可能です。それは一人ひとりの発達する方向、開発する方法が異なるはずです。その可能性は個別学習支援によってのみ保証できるでしょう。

戦後七〇年を経ても日本人の性格に個性がないということは、農耕民族としての性能だけではなく、教育の影響がいかに大きかったかの証左であるといえます。

「ＡＢＣ予想」を証明して一躍有名になった数学学者の望月新一氏は人気アイドル欅坂46の「サイレントマジョリティー」（秋元康作詞）は数学に連なる、と述べています。数学のことは理解困難ですが、今の教育の問題を言い当てています。

人が溢れた交差点をどこへ行く(押し流され)
似たような服を着て似たような表情で
群れの中に紛れるように歩いてる(疑わずに)
誰かと違うことになにを躊躇うのだろう

先行く人が振り返り列を乱すなと
ルールを説くけどその目は死んでいる

君は君らしく生きていく自由があるんだ
大人たちに支配されるな
初めからそう諦めてしまったら
僕らは何のために生まれたのか

「個性的な人」とはどのような人か

二〇二〇年四月一九日のNHK大河ドラマ「麒麟がくる」の「聖徳寺の会見」で、斉藤利政(後の道三)は会見を終えて信長を「奇妙な婿殿」だと評しましたが、解説はありませんでした。「はじめに」に紹介したように「奇妙」とは、当初は〝並外れて優れていること〟でした。

ドラマの状況からも「奇妙」は褒め言葉であったはずであり、あの場面の信長の台詞は〝極めて個性的な婿殿だ〟、との意味だったはずです。

しかし、近年の教育では個性的な人は疎んじられます。「個性的」を言い換えると、〝異様な人〟、〝KYな人〟、今日的な〝奇妙な人〟となるのではないでしょうか。

コロナウイルス禍下でマスク不足が騒がれているにもかかわらず、登校日にはアベノマスクを使用せよとか、白マスクでなければならないような意見が学校関係者から出ていたことは、教育界での画一化精神の浸透ぶりを物語っています。つまり、何事も特徴ある言動が批判されるのです。

このようなことが、わが国の「生き（息）苦しさ」を示しているのではないでしょうか。これは集団主義的特徴を示しており、個性的な人を差別する、いじめることに連なります。

童謡詩人の金子みすゞは『私と小鳥と鈴と』において次のように唱っています。

みんなちがってみんないい

ここに個性の本質を見る思いがします。

私も障がい者に関するテーマを講義で取り上げなければならないことがあります。しかし、私自身、障がい者の指導についての経験が無いために、自信を持てず半ば不安に思いつつ学生へ話をしていました。そんな時、私の担当するある職業訓練指導員研修コースを全盲のYさんが受講しました。そのYさんに教えられた言葉が「障がいも個性のうちです」と言うことでした。この言葉を聞いて以後、私は障がい者の教育訓練に関する講義の不安を拭えるようになりました。

個性とは、誰でもが持っています。それが個性です。個性を尊重すると言うことは、一人ひとりの個性を認めると言うことになります。障がい者の障がいも個性である、と考えることによって、初めて障がい者も認めることが可能となります。この考えは、障がい者と健常者を区別して論じてはならないことを示しています。あらゆる人が個性を持ち、それを主張して良いことを意味しています。

人には足が遅い人もいます。手足が不器用な人もいます。足に障がいを負った人は走るのが遅いのは当たり前です。また、手に障がいがあればうまく作業ができないのも当然です。これらの結果には差異が無く、「障がいも個性」だといえます。ただし、この考えを為政者がしてはならないのは当然です。

乙武匡洋さんの最初の作品『五体不満足』が困難な生活を強いられている人々に勇気を与え、生きることに疑問を持っていた若者に力を与えました。『五体不満足』で乙武さんが主張していることもYさんの意見と同じであると思います。そして、個性を尊重することは、お互いに成長することになる、という新発見が『五体不満足』にありました。乙武さんのクラスで山へ遠足に行くことが決まったとき、乙武さんは「僕は休みます」と言ったときの級友達の反応です。私にも、恐らく普通の人にも想像できない言葉が級友達から一斉にあがったのです。

「ズルーイッ」、と。

級友達は常に一緒に行動することが当たり前だと考えているのです。このことは、相手の個性を認めて協力することにより、自分自身の心も開発されることを意味しています。これが真の〃共生キョウイク〃であると言えます。

今日の合理化された教育、集団主義的教育ではそれは困難であることがわかります。合理化は障がい者のためと称して（うらには「進学者のために支障にならないようにする」が見え隠れしますが）、養護学校や各種の障がい者学校を造りました。このことは、〃健常者〃の学校も養護学校も、両者ともそれぞれの集団として同じ教育が可能になることが目指されています。その合理化された集団主義的教育で一人ひとりの個性と心は無視されてきたと言えます。

「区別すれば差別になる平等」と「区別しなければ差別になる個性尊重」

学ぶ者の「学習する権利」を可能な限り保障することは、「個性尊重」と表裏の関係にあります。「個性尊重」とは、「みんなちがってみんないい」との金子みすずの詩のように、一人ひとりの差異を尊重することです。

人は近年多様な役割を求められます。多様性の期待は、個性あふれる人たちがいるから可能なのです。個性が尊重されずに、多様性のみを求めることは矛盾しています。

〝十人十色〟と言うように、人は誰もが興味・関心が異なるものです。その個人の興味・関心を追究することは楽しみであり、従って他の者よりも上手くなります。〝好きこそものの上手なれ〟です。それは誇りになり、得意になれます。人は得意なことを褒められると嬉しいものです。その特長を褒められて才能はますます伸びます。このことは、学習の場合も同じです。

上のような効果は「区別しなければ差別になる『個性尊重』と整理しても良いでしょう。つまり、全員を一律に同じ言動で統制して一人ひとりの個性を圧殺するのではなく、一人ひとりを区別してその個性を尊重することだからです。

ところが、「ひとしく教育を受ける権利」を前提にすれば、「区別すれば差別になる」のです。「ひとしく教育を受ける」の下では個別の支援は「不平等」、「えこひいき」と批判され、望ましくないことになります。

なお、「教育基本法」前文には「個性の尊厳を重んじ…教育を推進する」という文言が新・旧法ともにありますが、「教育」の立場では「個性の尊厳」は矛盾しており、右のような論理はなりたたないことが分かります。「教育」では個性を殺したメンバーシップ体制の意識を形成することになります。そのため、個性が際立つ者を差別し、いじめることに連なります。

また、第二条（教育の目標）の二で「個人の価値を尊重して、その能力を伸ばし、創造性を培い、自主及び自律の精神を養う…」と規定し、「個性尊重」が〝祝詞〟に終わるようになっています。つまり、「自立」ではなく「自律」を目標にしていることがそれを物語っています。英語ではそれぞれ"independence"と"self-control"のように異なります。

わが国では例えば、義務教育段階から個性が強い子を協調性に欠けるとして罰する教師もいるようですし、教師の指示に従わない生徒に内申書の評価に記すことを〝おどし〟として用いたりするようです。つまり、教師による〝いじめ〟が公認されています。そのため生徒がまねるのは自然です。〝いじめ〟は陰湿になり、表面化したときは重大な事件になるのです。〝いじめ〟の問題の解決は個性を尊重する「学習の権利」に改定する方向で憲法改正の論点として議論されることが必要です。

個性を認めると言うことは、他人を認めると言うことに連なり、平和を形成する土台です。

個性を尊重するとはどのようなことか

学校に行けない障がい者もいます。このような障がい者に対してどのように考えるべきかの重要な示唆を与えてくれる生き方があります。

大江光さんはすでに四枚のCDを出しています。音痴な私でもその音楽を聴いていると心が和みます。光さんは何処で、誰から作曲を学んだのでしょうか。幼い頃よりコミニュケーションができなかったそうですから、学校で学んだはずはありません。いや、学校へ行って規格の教育を受けていたらあのすばらしい音楽を作曲することは出来なかったでしょう。

大江健三郎氏は子どもが学校へいく理由を易しく語っておられますが、光さんの才能の発見と開発が可能となった理由はその中に該当する項目がないように思えます。何故なら、光さんは学校で騒音をいやがるもう一人の友達と共に、教室の片隅で耳をふさいでしゃがみ込む毎日だったというからです。大江氏が指摘する「学校へ行く理由」のような指導を受けていないのです。ただ、二人でラジオの音楽を聴くことが最も楽しみだったそうです。

大江氏の「学校へ行く理由」の論と、光さんが受けてきた教育の実情との間にあまりにも乖離があると思います。つまり、光さんの成長のもととなった「学校へ行く理由」は、光さんよりも行動が不便な級友の介助をしてやる、ということで他人への貢献が出来る可能性を発見できたことでした。

光さんの才能が学校で教育を受けたことにより開花したとは思えません。ただ、もう一人の友人と巡り会ったことが学校へ行った大きな意味だと思います。光さんは、皆のすることを避け、自分が楽しみのラジオに没頭することが出来たのが良かったと言えます。しかし、このようなことは学校に行なくても可能なのではないでしょうか。

「ともだちひゃくにんできるかな」は、個性を生かすためではなく、暗黙に集団の重要性を強調している唄だと言えます。

岡田清和さんは何処で美しい貼り絵の能力を身に付けたのでしょうか。やはり教育を受けて能力が身に付いたのではないでしょう。岡田さんは聴覚障がいと知的障がいを併せ持って生を授かったのですが、新潟県のにしき学園で潜在能力が開発されたのです。その一端に原田泰治さんが関わっていたことも見逃せませんが、やはり今日の学校での成果ではありません。

岡田さんの使用している貼り絵の材料は色紙でなく、何処にでもあるカレンダーやポスターを切って集めています。既成の揃った色紙ではなくとも、あのようにすばらしい貼り絵を製作できる才能はどのようにして習得されたのでしょうか。

光さんの音楽と岡田さんのはり絵の成果は〝個性を尊重し、能力を開発する〟ことの地を行っていたから成功したのではないでしょうか。すると、光さんや岡田さんのような障がい者にとって学校とは何だ、ということになります。学校は個性を尊重し、それを発達させるためにはなっていない、ということになります。障がい者にとって学校は意味がないと言う社会は、何を意味しているのでしょうか。

あるいは、光さんや岡田さんは障がい者だから潜在能力に見合った仕事しか出来ないからやむを得ない、と考えるのでしょうか。障がい者も健常者も大差ない個性の違い、だと考えると、全く異なる考え方が出てきます。誰でもが自分の個性にあった、潜在能力を生かした学習をすることが出来ることを意味しています。言い換えれば、人により目指す〝峰〟は違って良いということです。いや、違わなければ個性は尊重できないはずです。

英語が苦手な私が励まされる紹介を菊池哲郎氏は次のように記しています。

英語は地方や特定の人によってちがっている。したがってこれが正しいというものを選んだとたん、他の地域の反発は必至だし、階級的な差別問題がいっきょに出てくる。……英国教育省も正しい英語教育を進めているが、なにが正しいかは現場にまかせている。現場の先生は、「いろいろな英語があります。自分が話しているのとちがっているからおかしいと言ってはいけません」と教えている。……結局、人みな勝手に自分がいいと思った英語を話しているのである。つまり、言葉も個性の表れと考えて良いのである。

運動会で、手をつないで一斉にゴールインさせるという学校が近年増えています。この発想は何処から生まれるのでしょうか。人は〝同じ〟だという悪平等の典型ではないでしょうか。そこまでするなら、全員の通知票の評点を同一にすべきです。否、学校での評価を廃止すべきです。個性とは、その人に固有の性能が異なることを前提としているはずです。算数能力が高いのもいれば運動能力が優れた者もいます。それぞれの能力を活かせる社会をつくり、お互いに他人の個性を認めることが大事なはずです。運動能力が優れているにもかかわらず、それを発揮できなくなった者は当然いじけるでしょう。しかし、テストの点が高い者は皆の前で褒められます。これでは全員の個性は育ちません。

ところで個性を尊重する、ということはリスクも同時に付随してくることを考えておかねばなりません。個性を認めることはその本人の希望を認めることと密接な関係にあるからです。

本人の夢が破れることもあるからです。支援者はそこまでも理解して、脅しではない支援をすることが求められます。

個性を出せる職業は芸術家やスポーツ選手、音楽家だけなのでしょうか。その芸術家やスポーツ選手は学校では〝落ちこぼれ〟だった、と言う人が多いようです。言い方を変えると、学校時代に個性的だったということです。しかし、普通の職業に就くときは、学校時代の個性は否定されてしまいます。一部のスポーツ選手や音楽家に認められる個性は、一般の職業へ就こうとする者にとってなぜ認められないのでしょうか。

「職業」を表す英語である"Calling"や"Vocation"は天職という意味があるように、それは人としての個性に根ざす職業という意味だと言えます。しかしながら、日本の教育論では職業における個性を前提とした議論はほとんどありません。

しかし、尾高邦雄はその重要性を次のように指摘しています。すなわち、職業には「個性の発揮」、社会的な「役割の実現」および「生計の維持」の三つの機能があるとしています。これら三つは単独に機能しているのではなく、人間の活動として成立していると言います。その「個性の発揮」とは、人としての個性を実現する過程を意味する、としています。このような立場から「教育」が論じられれば、より良い教育論が展開できるでしょうが、残念ながら、わが国ではそれは発展しませんでした。

個性と職業の尊重の両者を表す言葉は「職業に貴賎無し」です。この言葉が祝詞として唱えられている間は個性も職業も両者とも正しく国民に尊重されていないと言えるでしょう。

「教育」では個性を尊重できない

『窓ぎわのトットちゃん』があれほど愛読され、賞賛されながら、個性を尊重されたトットちゃんが学んだトモエ学園の実践に続く学校がどれほどあるのでしょうか。戦後になったのであのような実践はできなくなったのでしょうか。民主的な国民主権の国になったのですから、むしろ増えても良いと思いますが、そうは思えません。

個性の強いトットちゃんのような子は今日ではほとんど〝非行〟少年、あるいは〝学校になじめない子〟として、学校から排除されているのではないでしょうか。学校教育は「個性の尊重」を標榜しているもかかわらず、今日では画一的教育がますます進行しています。そして自分の考えをもてない子ども達、自分で工夫できない大学卒業生が大量に社会に押し出されています。全く同じ〝リクルートスーツ〟で就社活動をしている大学生に異様な姿を覚えるのは秋元康作氏や私だけでしょうか。

「教育」の考え方は、ある者（主体）がある者（客体）に「望ましい知識・規範などの学習を促進する意図的な働きかけ」（『広辞苑』第六版）であり、そのためにある価値としての教育内容を客体に注入するという営みです。

しかし、貴族等の家庭で行われた家庭教育では主体と客体が一対一であるため、当然個別の指導となります。家庭教師の優れた点はここにあり、古来から認められていました。

ところが、近代化された学校では、主体は教師であり(最終的には国ですが)、客体である生徒に、教育内容としての教科書に体系化された知識を一斉に指導することが前提です。ここに個性を尊重した「教育」は不可能であることを前提として始まっています。

"BBC World Service"は二〇一九年一二月二三日に「日本では何故、こんなに沢山の子どもが不登校なのか?」の記事を配信していますが、"futoko"が国際語になったようです。名古屋大学の内田良教授のインタビューも行い、〃厳しい校則や一学級の人数の多さ、空気を読まないと大変〃などとしています。

不登校に対応するため、「義務教育の段階における普通教育に相当する教育の機会の確保等に関する法律」(「教育機会確保法」)が平成二八年に公布されましたが、筋違いの法だと言えます。同年の不登校者は一二万人余でしたが、少子化が進んでいるにもかかわらず平成三〇年度は一六万人余です。

それは、次のグラフをみればそのような問題の根源は、学校における教育そのものにある、と言えるからです。特に、わが国の学校は集団主義を教育目標として組織化されており、個性が無視されています。個性が発揮できず、ましてや〃皆と違う〃としていじめられる学校の画一化の教育が楽しいはずはありません。不登校者が学年進行と伴に増加するのは、家庭の事情と言うよりも学校の問題と言えます。

平成30年度 学年別不登校児童生徒数

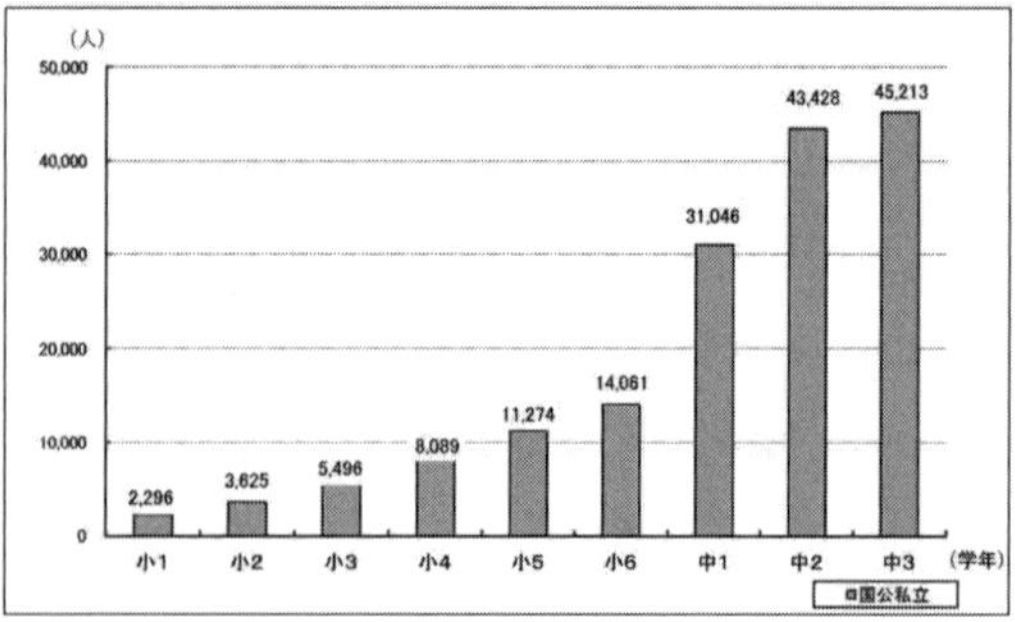

子ども達の楽しそうな姿が描かれている寺子屋の絵図を観れば、寺子屋には〃不登校〃は無かったことが推測されます。ところで、コロナ禍で要望されている少人数学級化は、少子化の下で可能でしたが検討されなかったと言えます。

個性を圧殺するための教育制度は、なにも戦前だけではなく、戦後においてもますます強化されています。それは進学体制のシステム化を見れば明らかです。その最たるものは東大だけをめざす進学指導が問題だと言いながら、その体制が数値で明確化される「大学入試センター試験」の導入です。このセンター試験で全国の大学が序列化しました。センター試験の改革を模索していますが、名称を変えるだけでは問題の解決は困難です。ところが、コロナ禍下で、いつかの大学が個別の入試を検討していることは望ましい傾向だと言えます。

共通試験が進めば、高校入学も大学入学のための順位付けのみが意味を持つようになります。そして高校の画一化が当然進みます。中学校からの入学も偏差値による輪切り体制が強化され、〝普商農工〟の格差付けがその典型となります。近年はバイオの人気で〝普農商工〟だそうですが。

このような入試制度は個性ではなく、「学力」のみで人間を測ろうとしていることを示しています。確かに学力も個性の一つかも知れません。しかし、大学入学時の学力のみで人間の個性が決まるはずはありません。

真に必要な学力は必要な時に付くものです。子どもの頃から「学力優秀」だった著名な研究者は多くありません。むしろ、子どもの頃は〝奇妙な子〟であったり、遊び回っていたという人が多いようです。アインシュタインは工科大学の入学試験に失敗したそうです。大学卒業後、二年間は職も無く、その後特許局に審査技師として勤めつつ、独学であの相対性理論を発見したそうです。

ノーベル賞を受けた吉野彰氏のリチウムイオン電池の開発に困難を極めたそのケースの制作を成し遂げたのは

（コラム8）　奇妙な「教育」関連用語：「キャリア教育」

「キャリア」とは職業の経歴であり、教育することはできません。このように「キャリア」の意とは異なる独特な「キャリア教育」の定義を文部科学省はしています。

"career education"は1970年代の技術革新に対応した労働者のための再教育が"Lifelong Education"として国際的な問題になったとき、その一環としてアメリカの教育長官が提唱した概念です。日本の「キャリア教育」を"career education"と訳して海外に発表すると誤解されるのではないでしょうか。

大学出の技術者ではなく、小学校しか出ていない町工場の岡野雅之さんの仕事力でした。岡野さんは体系化された技術ではなく、多様な仕事の経験から得た知識を集大成して新たな深絞りケースの開発に成功したのです。

個性を尊重する「職業に貴賎無し」の社会であれば仕事が3K、5Kにならず、誰にも楽しい、生きやすい社会になるでしょう。そのためには、先ずは相互の仕事を尊べば、お互いに給料は高くなり、休暇はきちんと取れ、自ずからそれは楽しい仕事になるはずです。楽しい仕事は皆に得意になれる仕事になり、人生に自信を持てるようになるでしょう。このように仕事は〝5T〟となります。すると、学歴により人を差別するという観念は忘れられ、人はそれぞれの職業でベテランとなることが目指され、産業の基盤も固まり、やがて社会は活性化して、〝生きやすい〟国になるでしょう。このような社会を目指すことは、わが国でも不可能ではないはずです。

そのためには画一化となる「教育を受ける権利」の論理から解放されなければならないことが分かります。そして、個性豊かな多様な人々に活動してもらえば、低迷するわが国を活性化してもらえます。そのためには、此までの学校新卒者の一括採用という日本的雇用システムの改革と連動することも大事だと言えます。

12. 「普通教育」が信奉されている

「普通教育」は、「教育を受ける権利」観と密接な関係があります。特にその前に規定されている「能力に応じて、ひとしく」です。「ひとしく」教育を追求すると、それは普通教育になります。なぜなら、すべての者にひとしく与える内容は同じ事を教える事になり、多様にある職業に関することは避けられざるを得ないからです。

そして、経済成長が子弟に対してより高度な学校へ進学させたいという親の期待に応えるために学校は「普通教育」への傾倒を加速しました。それは進学という画一化の擁護観であり、推奨観です。そして、進学のための受験に有利な普通教育への信奉となります。入学試験が知識の暗記力で判定され、進学の可否が決まるからです。

そのような「普通教育」とは何でしょうか。

「普通教育」の概念と妄信

「普通教育」の定義は、教育学専門家の説でも曖昧です。「普通教育」としての意義を論理的に解説することが困難な事を示しています。にもかかわらず、「普通教育」への信奉が高いことは、わが国の教育観の未熟さを表していると言えます。

学歴社会を反映して、「普通教育」は職業教育よりも意義が高い教育というニュアンスを与えています。そして、「普通教育」論は、教養が全てに勝るという教養主義の思想に連なっています。

「教養」の言葉は中国語にはなく、わが国で明治期に創られたことも興味深いことです。「教養」を表す英語も適切な単語が無いこともこのことを意味しています。つまり、その「教養」は遡れば貴族の学問であり、知識であったからです。その教養を学ぶために教えを受けることが貴族の教育であったからです。

換言すると、職業だけを追究していると教養は備わらないという考えです。貴族でなければ何のための教養かが問題でしょうが、このことは問われません。

（コラム９）　奇妙な「教育」関連法：「産業教育振興法」

この法は戦前の「実業教育費国庫補助法」を廃止して 1951（昭和 26）年に制定されました。

「産業教育」とは、産業のための教育、産業における教育と解されますが、同法の第二条は、「「産業教育」とは、中学校、高等学校、大学又は高等専門学校が、生徒又は学生等に対して、農業、工業、商業、水産業その他の産業に従事するために必要な知識、技能及び態度を習得させる目的をもつて行う教育をいう。」となっており、学校だけが同法の対象で、産業界や産業に有用な職業訓練は含まれていません。「職業教育振興法」なら分かりますが。

事実として、職業を核として知識も教養も高めている職人、労働者は多数います。仕事をしながら教養は身に付くものです。先に紹介した岡野さんはその代表でしょう。仕事に自信と誇りを持ててこそです。職業を修得する過程で人間形成が行われるという教育論を「職業陶冶論」と言いますが、これは古くからあります。

竹内常一氏は、「教育基本法」のなかでもっとも等閑に付されてきたのが「普通教育」であるとしています。ただ、竹内氏は戦後の「普通教育」は、戦前の「普通教育」とはちがって、戦前を改革した新たな教育であるとしています。

この竹内氏の論に対し、本章は、戦後改革は幻想であったという観点から、これまで等閑に付された明治以来の普通教育の問題の根源を解明します。その視点は、どのような経過で「帝国臣民」を教育する言葉として「普通教育」が適用されたのかについての経過の解明が最大の課題となります。

「普通教育」の誕生

ところで、「普通教育」を信奉している根源には、「普通」の言葉にも信奉があることが窺われます。「普通」とは何か、が問題となりますが、「普通」の語源は明確ではありません。『日本国語大辞典』によれば一一一一年頃の『江談抄』に表れています。「現代中国語に『普通』は存在するが、古典漢籍・漢訳仏典には用例が見いだせない。」としています。西周は

『百学連環』（一八七〇～七一頃）にて「学術に二つの性質あり。一は **common**（普通）一は **particular**（殊別）是なり。普通とは一理の万事に係はるを云ひ、殊別とは唯だ一事に関するを云ふなり」と述べています。

上のように「普通」は明治初期に頻繁に使われ始めたようです。では『広辞苑』（第六版）の「普通」の定義を見てみましょう。

①ひろく一般に通ずること。②どこにでも見受けるようなものであること。なみ。一般。
「―の成績」「―に見られる」「―六時に起きる」⇔特別。⇔専門。

この定義は改訂版が出る年代によって大差はなく、戦前の『辞苑』からも大きな変化はありません。このことは、「普通」観念が戦前から有ったことを意味しています。

次に、英語との関係を見てみます。「普通」を『新和英大辞典』（研究社、第5版、二〇〇六年）に見てみると次のように様々な英語が用いられています。

普通の〔常態の〕normal；regular；〔通常の〕ordinary；common・usual；（日常の）everyday；（習俗的）conventional；〔一般の〕general；universal；〔中位の〕medial；（凡庸の）mediocre；（並の）average；commonplace；run-of-the-mill

また、「普通」を用いたわが国の言葉を見てみると次のようになっています。

普通科 a general [regular] course.; 普通会員 an ordinary member. ;普通学級 a regular class. ;普通貸付 a regular [an ordinary] loan. ;普通株 common stock; an ordinary share. ;普通建築 civil architecture. ;普通鋼 plain steel; carbon steel. ;普通高等学校 a general 〔an ordinary, an academic〕 high school. ;普通小切手 an open check. ;普通車〔列車の〕 an ordinary car; a second-class car. ;普通席〔特別席に対して〕 an ordinary seat ;〔予約席に対して〕 an ordinary seat, an unreserved seat. ;普通葉 a foliage leaf. ;普通預金 ordinary deposit . ;普通列車 a slow 〔local〕 train.

右のように「普通」に該当する英語は様々用いられ、英語では異なる言葉に対し日本人が如何に「普通」の言葉を多用しているかが分かります。日本人は「普通」に安心感を得ているのです。このように、「普通」の用語は感覚的であるため、日本語の同じ言葉であっても辞書が異なれば英語の訳が異なることになります。

つまり、わが国の「普通」の言葉の概念は定まっていないといえます。その中の一つが「普通教育」であり、「普通教育」に定まった定義が有るようには思えません。

例えば、「普通科」は一般的には高校の普通科として用いられますが、全く異なった使用例もあります。それは陸上自衛隊が使用している「普通科」です。自衛隊の名称は高校の学科のような意味ではなく、英語では"infantry"で旧陸軍の「歩兵科」に相当する新入隊員が所属する部隊の名称です。普通高校卒業者は企業戦士にさせられることを暗示しています。

そこで、中教審の作業部会は、「高校生の約7割が通う高校の普通科を再編する案」として、「現状では高校ごとの特色が薄く、画一的な教育が生徒の意欲をそいでいる（ので）、ＳＤＧＳ（持続可能な開発目標）の実現など現代的な課題や、少子高齢化など地域社会の課題の解決のために学ぶ学科の新設を認める」そうです（二〇二〇年七月一六日『朝日新聞』）。普通高校の当たり前の問題を「普通高校」の名称は温存して〝改革〟しようとのことのようです。これで普通高校内の多様化が生じるでしょうが、これも普通高校の〝改革〟なのでしょうね。

このように「普通」は多様な概念を表す言葉です。

それでは、『広辞苑』における「普通教育」の定義の変遷を次にみてみましょう。

［初版、昭和30年］
人種・信条・社会的地位・性別・能力などによって差別を付けることなく、すべての青少年に対して、人間として、また一市民として、一般に必要な教養をあたえる教育。近代国家では初等普通教育（小学校-義務制）、中等普通教育（中学校-義務制）、高等普通教育（高等学校）のごとくいう。⇕専門教育
［第6版、二〇〇八年］
職業にかかわりなく一般共通に必要な知識を与え教養を育てる教育。現在のわが国の学校

制度では、初等普通教育（小学校）・中等普通教育（中学校）・高等普通教育（高等学校）の三段階。⇕専門教育。

第七版では「わが国」が「日本」に変更されているだけです。

途中の版を省略しましたが、注目すべきは、第4版以降は冒頭に「職業にかかわりなく」とし、その対置概念の言葉としては最後に「専門教育」を掲げていることです。このことは、後に述べる明治初期の「普通教育」の解説とも合致しています。また、普通教育が初等教育と中等教育であり、高等教育が専門教育であることを前提とした、教育段階に対応した定義になっています。つまり、一般国民が意識し、冒頭に定義した「職業教育」に対置する「普通教育」とは異なる概念があることを意味しています。

このように、多様な意図を孕んでいる「普通」に「教育」が付加された「普通教育」という言葉の概念は相乗的に拡散することが必然でしょう。

では、和英辞典でどのように定義しているか見てみましょう。例えば『新和英大辞典』（研究社）は「普通教育」を次のように定義しています。

general education;〔初等〕elementary〔primary〕education.

しかし、この定義はわが国で統一的ではありません。『和英中事典』（旺文社、一九八八年）と『プログレッシブ和英中辞典』（小学館、二〇〇二年）の"general education"を除けば、『和英対訳大辞典』（日本アソシェーツ、二〇〇五年）は"common education, general education, universal education"であり、『和英辞典』（講談社、一九八二年）、『グランド新コンサイス和英辞典』（三省堂）、『エッセンシャル和英辞典』（旺文社、一九八七年）、『ヴァカーリスタンダード和英辞典』（上智学院、一九九〇年）、『竹原和英大辞典』（名著普及会・一九八三年）ではいずれも"common education"です。このように「普通教育」の英訳は明確ではありません。

ところで、重要なことは主要な英英辞典には"common education"も"general education"も"universal education"も無いことです。「日本国憲法」の「普通教育」の公式英訳である"ordinary education"もありません。つまり、わが国の「普通教育」の用語を英語では一般に用いていないことを示しており、ここにわが国の特異性が認められます。和英辞典や英和辞典は日本人が編集した辞典であり、すでに明治以降の日本人的な感覚によって辞典が編集されているために定義されているはずです。

ただ、McGraw-Hill Inc.の"dictionary of education"では"general education"を次のように定義しています。日本語に訳すとニュアンスが変わるので原文を読んで下さい。

(1) those phases of learning which should be the common experience of all men and

women;(2) education gained through dealing with the personal and social problems with which all are confronted; purposes and programs of general education may be described with reference to three different and in some respects opposing philosophical foundations: (a) rationalism, (b) neohumanism, and (c) naturalism or instrumentalism.

上のように、"general education"はわが国の「普通教育」の概念とは異なると言えます。それは、知識のみを対象としているのではなく、経験"experience"を共通に学ぶことが第一の課題なのであり、その目的は「哲学の基礎」として学ぶことが強調されていることです。「経験の学習」が"general education"の重要な意義なのです。『エミール』で「徒弟になるのは人間形成をしているのだ」との論と同じだと言えます。決して暗記させる知識の「教育」ではないと言えます。

上の辞書は"general education"を掲載していますが、しかしながら"common education"も"ordinary education"の用語を掲載していないことも注目しなければなりません。

このような「普通教育」が戦後にも用いられてきた経過を観てみましょう。

「日本国憲法」における「普通教育」の規定

今日、「普通教育」に疑問が生じなくなった最大の理由は、「日本国憲法」に「普通教育」が規定されているためでしょう。「日本国憲法」の審議過程は7章に紹介しましたが、「普通教育」に絞って詳しく見てみましょう。

すでに明らかなように、戦前の「大日本帝国憲法」には教育に関する規定はなく、教育は政府の専決として勅令により実施されていました。戦後の〃民主的な〃憲法に規定されれば、国民はこれを信奉するのは自然でしょう。「日本国憲法」の公式英訳における「普通教育」は"ordinary education"です。では、明治憲法になかったこのような教育の条項は如何にして規定されたのでしょうか。

「日本国憲法」はマッカーサー草案を参考にして制定されたと言われますが、マッカーサー草案は6章で見ましたように、「普通教育」や「義務教育」の用語はありませんでした。「普通教育」と「義務教育」の原案は政府の憲法草案では「初等教育」でした。つまり、政府の「憲法改正草案」は「初等教育を受けさせる義務を負ふ。」という文でした。これは明らかにマッカーサー草案を前提とすれば国の義務を明言した意味です。近年、これを親の義務と解しているのは日本人の憲法観から生じています。

また、後に国際規程で紹介しますように、近代国家では初等教育は国が国民に施すべき当然の施策（義務）です。その「初等教育」が「普通教育」に訂正されたのですが、このいきさつは以下の通りです。

それは憲法改正審議の秘密会である昭和二一年八月一日の衆議院帝国憲法改正案委員小委員会において議論されます。先ず芦田委員長が次のように提起します。

「すべて國民は、法律の定めるところにより、その保護する子女に教育を受けさせる義務を負ふ」、此處を普通教育と言ってはどうか、普通教育と言ふと中等教育を含むやうな意味に今までは解されて居るのだが、それは併し法律で以て保護者が負ふべき義務の範圍を決めるのだから、一應其の程度の文字ではどうだらうか

これに従い、林（平）委員の発言に対する佐藤（達）政府委員の説明を受け、芦田委員長が「では二十四條の第二項の方は『普通教育』と云ふことに改めますから、『普通教育を受けさせる義務を負ふ。義務教育は、これを無償とする』」、という事で簡単に決定したのです。

周知のように、義務教育は戦後に中学校までに拡大されました。義務教育を中学校までに拡大すると何故「普通教育」となったのかについての質疑でした。右のように、「初等教育」の「普通教育」への訂正は芦田委員長による提案から始まりました。その提案に概念的な質問が出されますが異論は無く、右のような簡単な質疑で委員会での議論を終え衆議院本会議に上げられました。

衆議院本会議でも異論は無く、貴族院へ送られました。貴族院では佐々木惣一委員の概念規

定の要望、川村委員の「普通教育」の範囲の質問に対し、田中文部大臣の回答は、衆議院で「初等教育」を「普通教育」と訂正した国会審議の経過は、青年学校を改革して中学校までを義務制にしたため、「初等教育」では文章の整合性が保てないために「普通教育」とした、という説明でした。

右のように、文部大臣の説明を受け、委員会では政府の改正案が承認され、貴族院の本会議でも異論は出ませんでした。このように、戦前に「普通教育」を用いていたからと言う極めて安易な論理で「初等教育」は「普通教育」に訂正され、佐々木の疑問は全く解消されませんでした。換言すれば、戦後の「普通教育」は戦前の教育観を乗り越えることなく規定されたといえます。竹内氏がいう、「明治以来の義務教育学校のシステムを引きついだ」という意味は以上のようなことでした。

そして「日本国憲法」の「普通教育」の規定を受けて旧「教育基本法」は次のように規定されました。

> 第4条　国民は、その保護する子女に、九年の普通教育を受けさせる義務を負う。
> 2　国又は地方公共団体の設置する学校における義務教育については、授業料は、これを徴収しない。

また、二〇〇六（平成8）年に改正された「教育基本法」は次のように規定しました。

第5条　国民は、その保護する子女に、別に法律で定めるところにより、普通教育を受けさせる義務を負う。
2　義務教育として行われる普通教育は、各個人の有する能力を伸ばしつつ社会において自立的に生きる基礎を培い、また、国家及び社会の形成者として必要とされる基本的な資質を養うことを目的として行われるものとする。

「教育基本法」では義務教育としての普通教育が明記されています。この「普通教育」の位置づけは新・旧の「教育基本法」においても同様です。しかし、この法には「普通教育」の概念が明記されず義務教育問題が拡散する事は必然です。

そして「教育基本法」を受けて「学校教育法」では小学校の「普通教育」のみならず、中学校では「中等普通教育」とし、高等学校では「高等普通教育及び専門教育」と三種の「普通教育」を規定しています。特に、高等普通教育は専門教育と対比していることを見ると、これは「日本国憲法」の普通教育とは異なった意味を持たされているといえます。つまり、義務教育段階での「普通教育」と高等学校段階における「普通教育」があることになり、それらが概念の説明もなく同じ法律に同じ用語で規定されているのです。これでは「普通教育」とは何か、分からなくなるのは当然です。

この「高等普通教育」が普通高等学校の根拠ですが、ここには重要な問題があったといえます。それは、「普通教育」が進学教育に有利だという観念を国民に定着させることになるからです。

これに対し、今日の教育関係法に「職業教育」の用語は使用されていないという特色があります。先に辞書の定義にありましたように、「普通教育」は「職業教育」の対置概念としての認識が広く国民に定着しています。このような「普通教育」への一般的な理解と法体系とが乖離していることは明らかです。それまでの〝職業高校〟の呼称を「専門高校」と正式に呼ぶようになったのも法律に基づくことが想定されますが、その結果、ますます職業教育は国民から離反することになります。

にもかかわらず、近年政府は職業教育の重要性を喧伝せざるを得ないという矛盾が出ていると言えます。

国際的規程に無い「普通教育」

留学生が「普通教育」の概念が分からない、と述べることがよくありましたが、国際的にはどのように規定しているでしょうか。まず、「世界人権宣言」における"education"の条文は次のようになっています。

Article 26　1 Everyone has the right to education. Education shall be free, at least in the elementary and fundamental stages. Elementary education shall be compulsory.

このように後半の「義務教育」に相当する箇所に「普通教育」に該当する用語はありません。つまり、初等教育は国の"compulsory"であることが規定されているだけです。このように、「世界人権宣言」においては「普通教育」と訳せる用語は使用されていません。

また、「世界人権宣言」の文化的条項をより詳しく宣言した「経済的・社会的、文化的権利に関する国際規約」（社会権規約）の教育条項は次のように規定しています。

Article 13 (a) Primary education shall be compulsory and available free to all;

〝社会権規約〟においても「普通教育」と訳すべき言葉はありません。このように、初等教育のみでなく中等教育段階においても「普通教育」の観念は国際規程になく、それは極めて日本的な言葉であることが分かります。

このようなわが国独特の「普通教育」はどのように受け継がれて来たのでしょうか。

「普通教育」普及の背景と性格

わが国の今日の「学校教育法」に相当する1章に見た「学制」（明治5年）は次のように規

定していました。

第二十一章　小学校ハ教育ノ初級ニシテ人民一般必ス学ハスンハアルヘカラスモノトス
第二十九章　中学ハ小学ヲ経タル生徒ニ普通ノ学科ヲ教ル所ナリ分テ上下二等トス二等ノ外工業学校商業学校通弁学校農業学校諸民学校アリ

「学制」は右のように小学校の部での義務就学を強調していましたが、それは「初級」とする意味でありその内容については「普通」等の言葉により規定していませんでした。また、中学の部の規定では「普通ノ学科」がありますが、中学は義務就学ではなかったこと、そして職業関連学校の学科を「普通ノ学科」の「外」にした観念であったといえます。このようなことからも今日一般に理解されている職業教育に対置した「普通教育」の概念に似ているといえます。

その「普通教育」の用語を本格的に法令に用いたのは、「学制」を廃止して一八七九（明治12）年に公布した次の「教育令」です。

第三条　小学校ハ普通ノ教育ヲ児童ニ授クル所ニシテ其学科ヲ読書習字算術地理歴史脩身等ノ初歩トス（以下略）
第四条　中学校ハ高等ナル普通学科ヲ授クル所トス
第十四条　凡児童学齢間少クトモ一六箇月ハ普通教育ヲ受クヘシ

第十七条　学校ニ入ラスト雖モ別ニ普通教育ヲ受クルノ途アルモノハ就学ト做スヘシ

「学制」と「教育令」においては「普通」の位置づけに差異が有ることが分かります。すなわち、「学制」においては中学校の段階に用いていたに過ぎませんが、「教育令」においては小学校にも「普通ノ教育」という用語を用いました。しかし、職業教育を実施しない小学校、義務教育段階での「普通教育」とは何を意味しているのでしょうか。

第四条の「中学校ハ高等ナル普通学科ヲ授クル所トス」という規定は、「普通教育」のレベルを表しており、「高等ナル普通学科」が、職業に関係しないことは小学校の「普通ノ教育」の内容から推測して明らかです。この規定が「普通教育」は進学のためであるという論理を後に次第に形成する役割を果たしたものと推測されます。

この「教育令」の一八八五（明治18）年の二度目の改正令を近年では「強制教育令」と呼ぶように、「普通ノ教育」、「普通学科」が臣民に浸透したと言えます。このような「普通教育」をどのように指導するかが重要な課題となり、以後「普通教育」をシリーズ名にした教育学書（全四六巻）が発行されたことがこのことを物語っています。今日的な「普通教育」の言葉が国民に定着したのはこの頃以降だと言えます。

上記シリーズの一冊である『教育学』は、今日で言えば「教育学概論」の書であり、「普通」の言葉を「教育」に冠して使用することがこの時代以降に一般的となったと言えます。また、この中に第四『農業及農学』、第一七『手工科』があるように、この頃の「普通教育」概念は未だ今日のように進学準備の主要教科のみを意味していませんでした。

二年後には「普通教育全書」シリーズも発行されましたが、これも同様に、今日的な意味での「普通教育」を追究した内容ではなく、「教育学全書」のような内容でした。

なお、正岡子規は『病床六尺』の中で、「常識を養ふには普通教育よりほかに方法はない。」等の「普通教育」の役割を述べていますが、同書は一九〇二（明治35）年五月五日から起稿しており、当時はすでに「普通教育」が一般化した後であり、子規の「普通教育」論が社会に影響を与えたとはいえないでしょう。

以上のように、「普通教育」の用語は、「学制」公布以降、「教育令」の制定までに政府内に定着した事が推測されます。『教育学大辞典』が普通教育の歴史を「教育令」から始めていることは歴史的分析が不充分だといえます。それでは、その「普通教育」という言葉はどのようにしてわが国で使用されるようになったのでしょうか。

『理事功程』での誕生と『米欧回覧実記』による普及

その「普通教育」の誕生と定着過程を明らかにしてみましょう。

「普通教育」の用語を知識人が目にしたのは一八七一（明治4）年から一八七三（明治6）年にわたる欧米使節団が報告した『米欧回覧実記』です。同書の刊行は一八七八（明治11）年であり、それは先に紹介した「教育令」が公布される前年でした。『回覧実記』は好評により度々増刷されています。『回覧実記』の中で「普通教育」の概念を明確に想起した記述としては第一編「解説」にある次の文です。

米国ノ紳士ミナ熱心ニ宗教ヲ信ジ、盛ンニ小学ヲ興シ、高尚ノ学ヲ後ニシテ、普通ノ教育ヲ務ム

右のように、「普通ノ教育」は「高尚ノ学」の基礎的な知識を意味していることは明らかです。それでは「普通ノ教育」とはどのような意味であったのでしょうか。当然ながら、視察団は欧米の様々な学校を訪問し、欧米の教育事情から多様な知見を得ているはずです。その学校としては各種の職業学校も含めて合計11校を訪問しています。

ところで、『回覧実記』の作製に関しては事前に刊行されている『理事功程』が参考にされています。当然ながら、既に指摘されているように、両者の大要は類似しています。

岩倉使節団は帰国後に『回覧実記』の作製を開始しますが、他の各省の理事は回覧の素描として帰国報告である『理事功程』を先ず上申しました。『理事功程』は政府部内で注目されたことが推測されます。『回覧実記』を作製する過程で、現地での見聞として学校教育の実情も補足され、「普通教育」も参考にされたことが窺われます。

文部大丞田中不二麻呂は教育関係をまとめ、文部省は一八七三（明治６）年に公刊します。その田中の記した『理事功程』「巻之一合衆国教育略記」には次のように記されています。

合衆国教育ハ〜国中一般ニ行ハル丶一定ノ通法ナシ学費取立学校設備ヨリ学事職制等ニ至リ各州其自定スルニ任ス故ニ各州ノ政府ハ普通教育ヲ以テ民政ノ一大事務トナシ毎年議事局ニ於テ学費ヲ支給スベキ地方ノ税額ヲ議定シ

右のように、「普通教育」が明記されましたが、この用語がわが国での初出であると推測されます。

また、「第二編英吉利国ノ部」では次のように紹介しています。

邑中ニ小学校ヲ建ツ，村民ノ子弟男女ヲシテ，半日ハ場ニ出テ丶業ヲ操リ，半日ハ校ニ入リテ教ヲ受シム，学知ト実験ト，互ニ相進メル良法ニテ，且製作場ヨリ給料ヲ受ハ，其子弟ニ利アルノミナラス，製造ニモ亦利アリ，英国人ハ，職工ヲ保護シ，貧民救助ニ力ヲ尽スヲ，栄誉ノ一トナス，此場主ノ用意モ，亦感賞スヘシ，校中ニテ教ヘル科ハ，小学普通ノ科ヲ授ク，男女トモニ知ラサルヘカラサルノ芸術ニテ，高尚ノ科ニ及ハス右の英国の学校の紹介は、今日的な職業訓練校を意味しているようです。あるいは「徒弟学校」の紹介かも知れません。

文部省編の『理事功程』が政府内で閲覧され、「普通教育」が次第に政府部内に公認されたことでしょう。『理事功程』の講読が進む下で欧米の学校に関する実情が認識され、欧米調査に基づく政府内での議論がなされたことが推測されます。

欧米視察には田中不二麻呂が文部理事官として責任者となり参加します。田中は一八七四(明治7)年に文部大輔となり、一八七九(明治一二)年の「教育令」を建白し、明治の教育を指導した人物です。欧米視察に先立ち、田中不二麻呂文部大丞は次のような〃調査予定項目〃を明治四年に上申しました。

世界奎運ノ旺ナル文化ノ洽キ列国規制各異同アルベシト雖ドモ、教育ノ法ヲ設ケ人心固有ノ良能ヲ発達シ知識ヲ増益スルニアルノミ。苟モ闔州ノ民ヲ駆テ訓誨率令駸々歩ヲ進メ、開明ノ域ニ躋ラシメント欲スルモノ、其規制ノ善美ヲ攻覈シ精ヲ求メ、之ガ宜ヲ得ザルベケンヤ。是ヲ以米利堅、孛漏生、其余英吉利、法朗西、荷蘭、魯西亜等最善美ナルモノニ就キ、目今行ハルゝ景況何如ヲ顧ミ、彼我良否相距ルノ遠キ教育ノ素アルヲ察シ、遍ク利弊ヲ調悉シ、他日実験ニ従事センヲ要ス。今其講究スベキ目的ヲ掲ゲ、之ヲ左ニ開列ス。

教育事務局諸規律之事（以下三一項目の教育関連調査項目を掲げるが略す。）

上の上申書のように、田中は「教育」を明記しています。上申書のように、田中の文は極めて論理的に記述されていますが、未だわが国で教育制度が整備されていなかった明治四年としては田中の知識だけでは上の「調査予定項目」を記すのは困難だったのではないでしょうか。つまり、何か参考とする資料があったことが推測されます。

大隈重信は「国民教育」とした

ところで、米欧使節組であり、守旧派（保守派）であった田中の「教育」は、次に紹介する残留組であり開明派（進歩派）であった大隈重信が「国民教育」を用いた次の文章と類似しているのです。

それは、大隈が一八七一(明治4)年に閣議に提案した欧米見聞の必要性を説く「事由書」です。この「事由書」の発議の時期は明確でありませんが、廃藩置県後の八月頃とされています。大隈はその二年前の一八六九(明治2)年にフルベッキから欧米視察の必要性につき献策を受けていましたが、未だ攘夷思想が跋扈しており時期尚早として封印していたのですが、条約改定掛参議となったのを期に、時機到来として提出したのではないでしょうか。その中に、教育に関しては次の提言があります。

第三課、各国教育ノ諸規則、乃チ国民教育ノ方法、官民ノ学校取建方、費用集合ノ法、諸学科ノ順序、規則及等級ヲ与フル免状ノ式等ヲ研究シ、官民学校、貿易学校、諸芸術学校、病院、育幼院等ノ体裁、現ニ行ハルル景況トヲ親見シ、之ヲ我国ニ採用シテ、施設スベキ方法ヲ目的トスベシ。

上の「事由書」では「国民教育」が用いられています。この「国民教育」という用語は開明的な用語である点から極めて注目されます。

大隈はフルベッキにも師事し、フルベッキの開明的影響を受けていたと思われます。大隈とフルベッキとの関係は木村力雄の研究に詳しく述べられています。大隈は開明的な視野で幕末から世界を見ていたので、上の提言は自然であったでしょう。大隈は「国民教育」としていますが、その「国民教育」にはそれまでの藩校における武士の教育と、寺子屋における庶民の学習とを統合するイメージが読み取れます。

この大隈の「事由書」の手本としてフルベッキの「ブリーフ・スケッチ」が注目されます。

フルベッキの"popular education"が始まり

フルベッキはキリスト教布教のために一八五九（安政6）年に来日ましたが、布教の一環として英語塾も開きました。彼の才能は日本の各藩から認められ、フルベッキが他藩からの招聘を受けている事を知った大隈は、一八六七(慶應三)年に佐賀藩への引き留め策を図っていることからも、両者は親密であったことが分かります。大隈の他にフルベッキに学んだ者は江藤新平、大久保利通、後藤象二郎、小松帯刀、西郷隆盛、横井小楠等の維新の志士達が並んでいました。

明治二年、大隈はフルベッキよりブリーフ・スケッチを受け取っていましたが封印していました。その後、原田伊織氏によると、大久保は大隈から訪欧使節の発議を奪ったとの事です。そして、大久保も団員になる岩倉具視を団長とする遣欧使節団が明治五年に結成されました。政府の御雇外国人(顧問官)となっていたフルベッキは岩倉の求めに応じ、再度ブリーフ・スケッチを提出しました。梅渓昇氏の訳文における関連部分は次の通りです。

C　各国の国立および高等学校の各種制度、普通教育に関する法律、公立学校を設置し援助する方法、学校規則と学習、部門、試験および学位免状に関する調査を三名の役人と一名の書記に委任すること。この任務を有する役人は、大学、公立・私立学校、また工芸学校・商業学校などの特殊学校を訪問し、十分に見学をしなければならないこと。

右の「普通教育」の訳語が問題ですが、この訳の紹介(＝刊行)は一九七一(昭和46)年であり、既に「普通教育」に誰も疑問を持たなくなった現代です。するとこの「普通教育」の原語を調べる必要があります。

そこで、フルベッキの原文をみると、梅溪氏が「普通教育」と訳したのは"popular education"です。この"popular education"は"general education"でも"common education"でもありません。それは「民衆教育」という明確な意味が読み取れます。「国民教育」とした大隈の「事由書」の訳が適切であったと言えます。

ところで、廃藩置県は一八七一(明治4)年であり、「学制」が実施されるまでは民衆が学習する施設は私営の寺子屋と各藩が運営する郷学でした。寺子屋等が庶民の学習施設として、明治五年の学校が設立されるまで機能していました。つまり、庶民の学習施設は自由な参加でしたが主として寺子屋でした。したがって、寺子屋こそが"popular education"の施設であったと言えます。

このように、当時は"popular education"の訳は「普通教育」とは意識されていなかったはずです。つまり、「学校教育」＝「普通教育」の意識化は、欧米視察報告の『回覧実記』公刊以降だといえます。

フルベッキはわが国の教育制度として極めて民主的な「学制」の制定を直接的に支援した功績がありましたが、一方、フルベッキが献策したブリーフスケッチによる欧米視察の結果として、「普通教育」観念を視察団が創作することに連なる〝手助け〟をしたというもう一面があったと言ってよいと思います。

ちなみに、ブリーフ・スケッチには梅溪氏が次のように「国民」と訳した箇所がありますが、それを原文と対比すると「国民」とは"people"であることが分かります。

「宗教的寛容」とは、政府が西欧の宗教を公然と承認し、かつそれを広く国民に推奨する必要があることだと、漠然と考えている人達がいる。

梅溪氏が「国民」と訳したこの"people"を田中彰氏は「人民」と訳しています。上のように「国民」、「人民」の原語は"people"でした。"people"と"popular"の語源はいずれもラテン語の"populus"（国民、人々）であり、このことからも"popular"を「普通」と訳す事は基本的におかしいと言えます。

では、フルベッキが記した"popular"の概念とはどのような概念であったか、が問題となります。それでは、明治の開国前後の"popular"はどのような概念だったでしょうか。

フルベッキは一八六〇（安政７）年に来日していますが、フルベッキが用いていた"popular"の概念を推測するために当時の辞書を繙いてみましょう。フルベッキが来日する前年の一八五九年に発行されたウェブスターは"popular"を次のように定義しています（例示を省く）。

1. 一般民衆に関連して、民衆の声（世論）、（全有権者による）普通選挙のように使う。

2.一般の人に合わせて、よく知られている、理解しやすい、批判的でも難しくもなく。
3.評判がよい：民衆の支持を受けている、一般に人々に受ける；次のように、人望のある統治者、人望のある伝道者、人望のある牧師、評判の良い説教、評判の良い行政。
4.野心的な：民衆の支持を得るのに気を配る。
5.民衆の間に広くゆき渡って(流行して）いる；広く普及している； 罹る人の多い病気のように。
注 **"popular"** という語は、少なくとも米国では、**"vulgar"** という語と同意語ではない。後者は下層階級の人々に使用される、無学な(教養のない）そして粗野な(不作法な）：前者は全ての階級、または少なくとも教育を受けた（教養のある）国民（市民）の大部分を含む、大多数の人々に使用される。

右のように**"popular"**の定義は今日と大差は無いと言えます。**"popular"**と**"education"**を結合した意味は「普通教育」よりも「民衆教育」、「市民教育」あるいは「国民教育」の意味を表していると言えます。特に、最後に注記として、**"well-educated citizens"**と関連づけて解説している事が注目されます。なお、同辞典には"common education"も"general education"も慣用句としての標記はありません。

ちなみに、フルベッキも編集に関わった〃薩摩辞書〃の定義は次の通りです。

"popular"　民《タミ》ノ。民ヲ懐《ナツ》クル。民ニ愛サレタル。合點《ガテン》ナシ易《ヤス》キ。平生《ヘイジョウ》ノ。

このように"popular"は「民衆」と解して良いと言えます。この意義は今日も大差ないでしょう。つまり、フルベッキが建議した「ブリーフ・スケッチ」の"popular education"には欧米の職業学校の実情から民衆が営む職業的素養の育成が含まれていたはずです。しかし、"popular education"が「普通教育」と解されたことにより、職業観念が入らなくなり、今日的な「職業教育」との対置概念の言葉になったものと言えます。

新島襄の助言

以上の経過から生じる最後の疑問は、それではわが国で何故に"popular education"が「普通教育」という言葉として使用されたのか、ということです。このことは、文部省の『理事功程』が他の省のそれに比べ完成度が極めて高かったことに関連します。その理由は、既にアメリカに滞在していた新島襄の支援によることと関わっています。

新島は密出国の故に罪人の身でしたが、欧米での経験と知見の活用のため、駐米少弁務使として赴任していた森有禮から使節団に対するアメリカの教育システムについて報告するように要請を受けました。この作業は使節団の田中不二麻呂に引き継がれましたが、急遽、新島は「日本の普通教育」に関する論文を書くように変更を指示されました。

『理事功程』の中の「合衆国教育略記」等は新島の筆によるものといわれています。新島は視察団が最初に見聞した内容を報告するために、現地で記録を認めました。このなかで用いた「普通教育」を新島はどのように解していたのでしょうか。

新島は"universal education"の用語を数カ所の文中に使用していますが、世話になったハーディ夫妻に対する三月二八日の手紙で、"national education"と並列に使用していたことが注目されます。このように、彼の関心が「国民教育」に有ったということが窺われます。それは彼の"true education"であり、"the education of Soul"であったと言えます。

また、新島は四月三〇日にハーディ夫妻に書いた手紙で"normal school"という言葉を用いていますが、これは新島の"universal education"を推測する資料となります。つまり、新島のいう"universal education"は、今日的な「普通教育」概念とは断定できないということです。これは当時のウェブスター辞書に"universal education"が無いこともありますが、"universal"の当時の定義は、教育の範囲や部分を示す「普通」よりも、全体を意味しているといえます。つまり、初等学校における教育内容の全体的なことを指していたのではないでしょうか。

その理由として、上の三月二八日の手紙の前三月一九日に、「田中と国民教育について三時間ばかり話し合う。新島はここで、近代国家なり、市民であるためには、単に知性があるのみではなく、道徳上の主義がなければならないこと、キリスト教こそが民を治め、国を高める最良の道である、と語る」と書き残しているからです。このことからも、"universal education"の概念は米国の当時の状況を反映した言葉と言えます。

田中が『理事功程』を上梓するに当たり、新島と田中との議論の過程で、新島の言う"universal education"にアメリカの学校の実情である庶民の教育に「普通教育」を当てるようになったのではないでしょうか。新たな日本の実情に併せて解釈し、「普通教育」の言葉を当てはめることが次第にお互いに合意されてきたのではないでしょうか。そして、『理事功程』に「普通教育」と記したことが『回覧実記』にも転記され、これが流布して今日に至ったと言えます。

この「普通教育」には日本的な解釈が盛り込まれていたことが分かります。今日の日本人は「普通教育」の言葉を妄信し、結果として職業教育、特に職業訓練を疎んできたのです。

「民衆教育」をなぜ使用出来なかったか

さて、"popular education"の適訳は「民衆教育」だと言えますが、これを使わず、何故に「普通教育」にしたのでしょうか。これが最後の疑問になります。

「民衆教育」を使用出来なかった理由には三つの問題がありました。第一に、明治の学校は庶民の学習施設である寺子屋を発展させた施設ではなく、庶民だけを対象にしていないため、

「民衆教育」という言葉は適切ではなかったからです。つまり、アメリカにはいない士族や貴族と、武士、庶民をも四民平等に入学を認めたのがわが国の学校だったからです。

第二に、わが国の学校は実質的に欧米の職業的教育を含めた"popular education"を行う事は出来なかったからです。つまり、職業教育には財源が膨大に掛かります。江戸幕府より困窮していた明治政府は、職業教育を施策できませんでした。当面の目標である人材の給源として、いわゆる「普通教育」のみによる教育を行いました。そのため、"popular education"を表す言葉を避けたかったことが推測されます。

第三に、その語源である"people"や"popular"の語を明治期の法令においては避けていたことがあります。

やや後のことですが、一九二八（昭和三)年八月にパリで締結された「戦争抛棄ニ関スル條約」（不戦条約）の第1条にある"in the names of their respective peoples"（人民ノ名ニ於テ）は「国体の本義に悖る」として条約を締結した内田全権顧問官は辞職に追い込まれました。更に内閣改造問題にも及び、一年後に「帝国憲法ノ條章ヨリ観テ日本國ニ限リ適用ナキモノト了解スルコトヲ宣言ス」として同条約を批准したのです。明治政府は「人民」の言葉を忌避していたのです。

以上のような立場から、"popular education"を曖昧な「普通教育」に置き換えたことが推測されます。

このような歴史的経過から見ると、今日の憲法における義務教育について「普通教育」と規定していることが問題であることが分かります。また、義務教育後の段階で職業教育と対比して使う場合にしても、今日のように国民は平等であり、大半の国民が労働し、生活の糧を得なければならない時代には戦前のような区別すべき概念が必要とはいえないでしょう。

ところで、明治のわが国教育の参考として学んだドイツ（プロイセン）における教育と教育学を誤解していたことが今日の問題の根底に有ると言えます。それは、当時のドイツ教育学の主流であったフンボルトの「一般陶冶」概念の誤解です。フンボルトの理論は佐々木英一氏によると、職業教育を否定するものではなく、人間形成を意図していたということです。この教育学的な問題の克服は今日の教育改革、普通教育の再検討にとっても極めて重要な課題と言えます。

「普通教育」の再検討は、今日企図されている大学での職業教育の振興において同時に進められなければならないことを示していると言えます。

13. 職業・労働を忌避する教育観が醸成されている

11章、12章で述べてきましたように、個性の無視と普通教育の信奉が結果的に職業・労働観の忌避に連なることが予想されます。なぜなら、職業は個性に基づき、個性を表す言葉で有り、職業は人により多様にあるからです。例えば、大工さんとか豆腐屋さんと呼ぶように、仕事がその人を著す代名詞になっています。このことは職業の英語である"calling"や"vocation"が「天職」の意味であることにつながります。

しかし、本章で述べることは、「教育を受ける権利」の「日本国憲法」における位置づけの評価が職業・労働を忌避する〝教育学理論〟を形成しているということです。

ただ、労働問題の研究者は違います。例えば、欧米の実態に詳しい濱口桂一郎氏は拙著の『「教育」という過ち』が「『教育』という言葉に対するややマニアックなまでの追究」だと不満を述べ、「職業のための学習、教育、訓練、開発、なんと言おうが、それこそがエデュケーション・トレーニングの本筋なのだ」との言葉に表れています。このことは、氏の著作『労働法政策』の第8章「職業能力開発法政策」で、第1節「職業能力開発に関する法制の展開」、第2節「職業教育」として「職業教育」を職業能力開発に含め、職業能力開発の次に位置付けているとに現れています。上の濱口氏の論理はＩＬＯやユネスコの定義に近く、私が「"Education"は『教育』ではない」の論以降に唱えてきたことでもあり全く異論ありません。しかし、果たして氏のような概念、論理を理解している人がわが国でどのような割合でおられるでしょうか。氏の著書は大学のテキストだそうですが、同書を学んだ人が職業能力開発＝職業訓練に学校教育を位置づけて考える人になってもらいたいものです。

「教育」を誤解したままで、濱口氏の論を理解できるとは思えません。そのため、わが国の教育論はいつまでも安定しないのだと思います。

「教育権」論による職業教育訓練の忌避

堀尾輝久氏は「日本国憲法」における「教育を受ける権利」が重要であることについて次のように強調しています。

「国民の権利としての教育」の思想が、憲法第二十六条の規定を通して提示されていた。教育が、国民の生存権的基本権（第二十五条）の文化的側面にかかわる基本的人権の一つとして位置づけられたことの意味は決定的に重要…

右のような理解は、堀尾氏が法学出身であるためにおそらく気付いた論理だと思われますが、法令では先に規定された条文が後の条文よりも優位な順位にあるという位置づけを説明しているに過ぎないのです。

しかし、堀尾氏のこの論理により第二七条の勤労権は無視され、教育が労働問題を軽視ないし無視する論理になります。わが国の教育界で「生きるための教育」は議論されますが、「働くための教育」が議論されない大きな一因と言えます。生きるためには働かねばならないにもかかわらずです。

上の論理が、「日本国憲法」としては間違いでは無いとしても、「世界人権宣言」では逆になっており、そのことに触れないのは、「世界人権宣言」を重視する堀尾氏の全くの勝手読みだと言えます。即ち、編扉裏に紹介していますように「世界人権宣言」では労働権は第二三条に、"education"権は第二六条に規定されています。堀尾氏は「人類共通の思想的財産」である「世界人権宣言」の思想と構造を無視しているのです。

このような人権に関する「日本国憲法」の不備は、マッカーサー草案が"education"の条文の後ろに労働権を規定したためです。その順序を守り教育と勤労の条文の順が現行憲法のようになりました。マッカーサー草案の問題はよく言われるように、米国人は建国以来"liberty"(自由)を求めて来たので、ヨーロッパ的「人権」観の思考様式とは異なるためと推測されます。このことは5章に記しましたように日本の政府関係者の憲法改正案が勤労条項が教育権条項の後ろだったので、疑問が生じなかったものと推察されます。

そして、堀尾氏は「教育を受ける権利」が「教受権」を引き継いでいたことを無視して"the right to education"と同等性を説きましたが、「教育」と職業に関する概念がある"education"との差異をも看過し、職業教育訓練が忌避される「教育権」論を体系化しました。

そして10章に紹介しましたように、マルクスが主張していた節が「教育と労働との結合」であったことを全く紹介せずに、そのマルクスの節の中で用いていた言葉だけを抜き書きし、自分に都合の良い「教育権」論に利用しているのです。これは「部分的引用」や「実験的試み」と言えず、今なら〃改ざん〃と言うのではないでしょうか。

戦後の〃民主的〃観念としての立場は職業教育訓練に拒絶反応があり、同様に労働界も徒弟制度に反対する等、職業教育訓練に批判的でした。民主的研究者を自認していたはずの堀尾氏は、職業教育訓練

（コラム 10）　奇妙な日本語：「勤労の権利」

"work"の日本語訳に「労働」はありますが、「勤労」はありません。「勤労」の英語訳を"EUdict の[Kanji]-[English]は"Diligent Service"ともしています。

二宮尊徳の「勤労」観は個人の為、家族の為であり、これは国のためにもなる、との意でしたが、明治の廃仏毀釈運動下で、天皇・国に奉仕する意に転換しました。戦時下では「勤労即教育」と言われました。

憲法改正審議で森戸辰男は「勤労」を「労働」へ転換する意見を出しましたが、政府は応えずに今日のように規定されました。戦後も「勤労教育」は度々唱えられますが「労働教育」が進まないのはこの問題が未だ払拭されていないためと言えます。

に批判的立場を取るのが自然でした。職業教育訓練を批判しなくとも無視することが同様な立場を示すことになりました。このように、堀尾氏の「教育権」論が世界の"education"観とは異なる日本的な職業教育訓練を忌避する「教育権」論になるのは自然でした。

そして、戦後の〝民主的〟観念は高校全入運動を展開し、進学に有利な普通教育志向とも共鳴し、ますます職業教育訓練は忌避されることになりました。

「職業選択の自由」と「学問の自由」の構造無視

新たな時代に向かい「戦争の放棄」の規定は「日本国憲法」が平和憲法としての要であったことは疑いありません。そのため、平和を希求する戦後の日本人として「日本国憲法」を守る立場に立つことは民主的研究者として必須要件でした。

従って、堀尾氏による「日本国憲法」を守る立場からの「教育権」論の体系化は戦後の政治状況から言えば一理がありました。「教育を受ける権利」を守ったことは政治的には正しかったかも知れませんが、しかし、教育学としての論とは言えないことになります。何故なら民主的研究者から「平和憲法案」と称される鈴木安蔵が起草した「教育」が忌避された「憲法草案要綱」を無視しているからです。

国民主権の観点からの労働権と「教育を受ける権利」が十分に考察されなかったこと、国民の発達を支援すべき教育学としては「学問の自由」が保障された戦後は疑問となります。何故なら堀尾氏の条文の順序の論理を応用すれば、「日本国憲法」第二十三条の「学問の自由」は第二十二条の「職業選択の自由」を保障する人権である、と言うことになりますが、このことを堀尾氏は述べていないのです。この構造は、学問は職業選択のために考究すべきである、となりますが、堀尾氏にはそのような論述はありません。このような第二十二条の無視は堀尾氏が人として重要な職業問題＝労働問題についての関心が無いためと言えます。

ちなみに、マッカーサー草案は"Academic freedom and choice of occupation are guaranteed."と両者を同列に並べていました。「日本国憲法」にも学問と職業選択の権利が同じ条文に規定されていたら、今日の大学は学問のためにある、というような単純な論は生じなかったのではないかと残念に思います。

「教育権」の意味と職業教育訓練忌避観の創生

4章で紹介しましたように片山や幸徳には「教育」の言葉への批判はありませんでした。その立場から議会主義を標榜して「工場法」案を批判しましたが、片山等の論理では「教育勅語」批判が出るはずはなく、「教育勅語」の下で徒弟達の「教育を受ける権利」を主張した限界がありました。問題は、片山達が「教育勅語」の下で徒弟達の「教育を受ける権利」を主張すると同時に徒弟制を批判したことでした。

その時代状況は、明治初期に学校焼き討ちを起こした農民闘争が一九〇〇年前後から子弟の就学要求を拡大させていました。

片山達の「教受権」論は教育の意味、目的を国家の施策としたままに主張した問題がありました。同時に、徒弟制度を批判したことで徒弟になる若者の育成の課題が普通教育で済むように理解されました。年を経て片山は「工場法案」を「現在の弊害として当然矯正すべき悪習慣を態々法律を以って是認するの形ある」と批判しました。その批判は徒弟制の教育訓練的機能を活かさない、雇用制度の悪弊に対してでした。

（コラム 11）　奇妙な理解：「徒弟」

「徒弟」とは、生徒の意味であり、英語の"apprentice"も同様な意ですが、今日では奇妙にも卑下されています。我が国では当初は僧侶の世界で使われていました（水上勉『金閣炎上』参照)。公布されたが施行されなかった「旧民法」の草案に「徒弟契約」がありましたが、「坊主見たい」と批判され「習業契約」と変更されました。

徒弟には児童の時から出されて口減らしの意味もありました。しかし、児童は仕事ができるわけもなく、寺の清掃等を手伝うことは自然でした。そのような過程で、「門前の小僧経を読む」の謂れのように、自然に親方の仕事を覚えます。

このような方法が一子相伝だった職人の世界にも応用されたために、「弟子」の代わりに「徒弟」と呼んだものと思われます。

ところが、親方達の仕事は働いている作業場面だけで行われているのではありません。仕事には段取り、手順が重要ですが、それは自宅でも行われています。段取り、手順の指示を食事をしながら受ける事もあるでしょう。そのような思考の過程は近くに居なければ分かりません。親方の家で寝食を共にすることは親方の全人格を学ぶ意味があります。

労働運動に追われ、徒弟制についての改善策を出す余裕は無く、徒弟制度批判は悪習慣の打破を求める民衆の支持を得て社会的に一般化されました。そのため「教受権」論は徒弟制度批判と一体的に伝承されました。そして、労働者となるための職業能力を習得する必要性が看過されることに連なる発端となったと言えます。

片山等の不運は、「教受権」の主張時が労働運動が圧殺される時代だったことです。「治安警察法」（一九〇〇（明治33）年）に反対していなかった〃労使協調〃の労働組合期成会でさえも一九〇二年までに解散に追い込まれました。「治安警察法」は一九二五（大正14）年には「治安維持法」となり、労働運動はますます困難になりました。

ところで、「教育勅語」には「学ヲ修メ業ヲ習ヒ…皇運ヲ扶翼スヘシ」とありますが、これは「学問を修め実業を習い…皇室の運命を翼賛すべき」（教育史学会）で、天皇のために仕事の技術・技法を学び、習得することを意味します。しかし、文部省の『実業教育五十年史』には「業ヲ習ヒ」の解説は無く、「教育勅語」についての記述もありません。「教育勅語」は実業教育の振興には繋がらなかったのです。「教育勅語」では習業は振興しませんでした。

そのような当時の徒弟制度問題を看過する観念を労働問題として整理したのが風早八十二でした。風早の著作は戦後の労働問題研究者に応用されますが、徒弟制度を看過したことも伝承されたと言えます。

また、協調会の『徒弟制度と技術教育』でさえ徒弟制度の意義を解説できませんでした。このような観念が戦後の社会にも影響したと言えます(注)。

(注) 労働問題の資料集である『資料日本社会運動思想史』(全6巻では『労働世界』の論考を含め片山の論考は第3巻：30点、第4巻：2点、第5巻：著書1点、第6巻：14点、計47点を転載しているが、教育訓練論は無い。

また、隅谷三喜男は『日本職業訓練発展史』(全3巻)でも、また『労働世界』の解説においても片山の教育論には触れていない。

職業教育訓練忌避観の拡大再生産

旧「教育基本法」第七条の「勤労の場所における教育」(現行「教育基本法」では削除されている)について、教育刷新委員会(注)は「技能者養成所…等の教育施設に…教育の機会均等の趣旨に基づき…単位制…を与える」と建議しました(一九四八〈昭和23〉年)が文部省は拒絶しました。文部省は教育を狭い学校教育に限定し、教刷委は為す術がありませんでした。

(注) 教育刷新委員会とは、今日の中央教育審議会に連なりますが、当時は諮問を受けて建議するのでは無く、委員会主導で正に刷新のために建議しました。

教育学者の宮原誠一は「すべての教育は職業を目的とする教育」であると主張しましたが、下中彌三郎が設置した生産教育協会では徒弟制度に批判的な「計画書」を起草する限界がありました。協会では後に職業訓練大学校の初代校長に就任する徒弟制度に敬意を示す成瀬政男も出席しましたが、徒弟制度が評価されることはありませんでした。このことが示すように教育界では徒弟制への理解は広まりませんでした。

そして、職業教育訓練への拒絶反応は堀尾氏の「教育権」論により教育学界と社会に定着したと言えます。

「教育を受ける権利」は労働界においても信奉されました。例えば、「労働基準法」の検討過程で労働界は徒弟制度廃止を主張しましたが、徒弟制度に反対する労働組合であっても公聴会では六割以上の組合が何らかの教育活動の必要性や「教育を受ける権利」を主張しました。それは、徒弟制度についての雇用機能と教育訓練機能を分離しない批判が戦前から伝承されたためで

（コラム 12）　奇妙な理解 :「職業訓練」

職業訓練を「資本家の犬を訓練すること」のように批判する教育学者がいましたが、全くの無知だと言えます。

訓練を受け、職業に就いて働く労働者は労働に対する正当（搾取されているので不当）な賃金を受け取っているだけです。

「職業」の英語の"vocation"は「天職」を意味しますし、「大工さん」や「板前さん」のように呼ぶことは天職を意味し代名詞にもなります。つまり、「天職訓練」を意味します。

また、「訓練する」"training"には自動詞があり自己訓練の意味があり、天職を自らトレーニングするとの意味もあります。

“資本家の犬”になるのは職業の教育訓練を受けていない高学歴の似非（えせ）エリートであり、また権威を振りかざし御用学者になっていることに気づいていない研究者です。

した。そのため戦後にも職業訓練忌避の観念が醸成され、職業教育訓練批判が定着していたことが傍証されます。

徒弟制度への評価は教科書に象徴的に表れています。わが国の高等学校の歴史教科書では徒弟制度を紹介していないか、封建的な制度とする批判的解説となっています。ここからは職業教育訓練への尊重観は育ちません。しかし、イギリスのテキストにおいては技術・スキルの伝承として徒弟制度の意義を解説しているという差異があります。しかも、イギリステキストの「親方は apprentices と呼ばれているすべての新しい新人に熟練の〝art と秘法〟を教えた。」を「親方は、手工業者の『技術と商い』を教えた」と誤訳・発行しています。これでは外国の教科書を翻訳しても学べません。

それは、濱口桂一郎氏が「…世界共通の政策課題として徒弟制がこれだけ取り上げられているのに、…日本の発言者としては出ていない」と紹介していますように、官僚の国際会議での思考停止となっており、わが国の孤立を現しています。

このことは、戦後、公共職業訓練は憲法第二十二条の「職業選択の自由」権に、事業内訓練は第二十七条第3項の「児童酷使の禁止」に基づいていましたが、職業訓練の位置づけが一九五八（昭和33）年制定の「職業訓練法」以降、「日本国憲法」に位地付いていないこともあります。職業訓練は国際的には編扉のように「世界人権宣言」の労働権に「失業に対する保護を

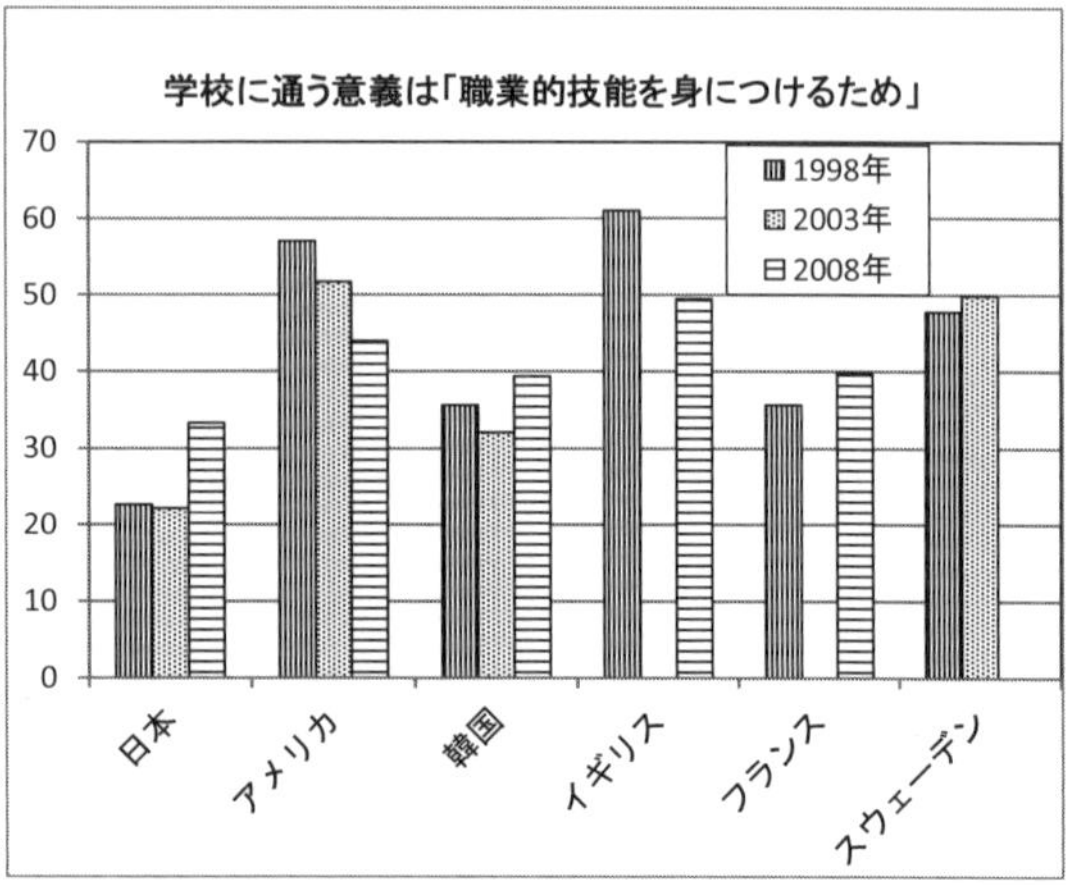

受ける権利」と規定され、「経済的、社会的及び文化的権利に関する国際規約」の労働権に「職業の指導及び訓練に関する計画、政策及び方法を含む。」と規定されているのです。このような世界の理念には及んでいないことも問題としてあります。職業訓練が位置付けば、学校の職業教育の意義も明確になると言えます。

以上のように、今日でも職業教育訓練への忌避観が拡大再生産され、わが国の社会に定着しているのです。

これらのことが、上のグラフに観られるように、わが国の若者達の意識にも現れている、と言えます。学校は進学のため、という理解でしょう。高校までは良いとして、その後は何のための勉学なのでしょうか。大人の再学習まで無料の近年注目されているフィンランドの学校教育の目的は、〃有能な納税者を増やすことにつながる〃からだそうです。

リーマンショク以降、それまでの〃日本型雇用システム〃の一つである企業による一括採用⇓企業内教育＝人材養成という雇用体制の中で、金と時間がかかる「企業内教育」を削減するため、企業は即戦力を求めるようになり職業能力を習得していない学生がフリーター化することになりました。今後のコロナウイルス禍社会ではこの傾向がますます強くなり、雇用環境は厳しくなることが予想されます。そのため、世界の各国は職業訓練の強化策を打ち出していますが、わが国は未だ具体策が出ていないと言えます。

〃日本型雇用システム〃の問題と、わが国独特の「教育権」的観念が一体的であったことを認識し、このような観念を打開する必要があります。そして、職業能力の習得は人権であることを確認し、主張することが緊要だと言えます。

第三編のまとめ

学校を終了すると働かねばならない、という理解が一般的だ、と思われます。

しかし、このような国民の理解を教育学は正面からは論ぜず、学校教育は職業のためではない、働くためではない、との「教育権」論を展開して来ました。今でも、学校は職業訓練の場では無い、との意見がネットで飛び交っていますが、これは極めて日本的な観念です。そこには「普通教育」が正当だとする職業・労働忌避の思想が根底にあります。

このような「教育権」論は、子ども達、学生達が社会に出て自立するために必要な労働権という人権を無視していると言えます。学校を終えた人が社会で自立できない学校教育とは何か、が問われるべきです。

七月二〇日のテレビ朝日「ワイド！スクランブル」で「世界一幸せな国」のフィンランドのコロナ対策の紹介で増田ユリヤさんは、フィンランドの教育の目的は「有能な納税者を増やすこと」としていました。フィンランドは社会人になってからも教育の機会＝生涯学習が保障されていますが、それには、わが国での職業訓練が含まれています。

私は全く同感と思いましたが、このような理解をする人は残念ながら多くはありません。今後、わが国の人間育成を総合的に発展させるためには国民一人ひとりが自立できる為の職業能力を修得することが権利であるという理論を構築することが課題となります。

人が一人前に働くためには職業能力の習得が必要ですが、その論理の考察に到らなかったことがわが国の盲点となって継承されて来ました。習得した職業能力（職業に限りませんが）はその本人の財産です。片山達の「教育勅語」下の「教育を受ける権利」論は、同時に発せられた徒弟制度批判によって職業能力習得の意義が看過されることになり、「教育」の質と量も全く異なる今日までそれを引きずっているのです。

そして、戦後の「教育権」論はこのような問題を打開するのではなく、むしろ問題をオブラートと言うより、よりきれいな包装紙に包んで不明朗にしただけでなく、労働・職業を忌避する概念を醸成したと言えます。

わが国の教育の改革は、「教育」の言葉と「教育を受ける権利」を根本から再検討しなければならないことを示しています。

ここで、「日本国憲法」の「国民の権利」に関して改革すべき要点は次の二点です。

一、「教育を受ける権利」は「学習する権利」として再編すべきである。

二、「勤労」を「労働」として労働権の条文を学習権の条文の前に規定して再編すべきである。

なお、右の改革を実現するための条件を再度強調しますと、個性と職業の両者の尊重を表す「職業に貴賎無し」の理念が真に社会に根づくような対策が併せて必要なことです。

おわりに

「おまえ達は何も考えずにお上の云うことを聞いて守っておればよい」と言われたら、誰もがすかさず
「封建時代でもあるまいし、何を言っている」、と反論するでしょう。ところが、
「俺たちはお上の云うことを聞く権利がある」と言おうものなら、皆は開いた口が塞がらず、相手にされないのではないでしょうか。

しかし、「教育を受ける権利」はこの権利論と同じ論理であることが分かります。なぜなら、「教育」は「お上の云うこと」と同じだと言えるからです。ただ、誰も怒らないのは「教育」と「教育を受ける権利」の言葉に呪縛されているためと言えます。

〝教育は百年の計〟と言われますが、「教育を受ける権利」が憲法に明記されて七〇年が過ぎました。奇妙な日本語「教育を受ける権利」は専門家からも、多くの国民からも疑われずに来ました。この用語が日本人のＤＮＡに刻まれないよう、その呪縛から解かれるようにしなければならない時期に来たと思います。

私も教育学に期待していた一人でした。五〇年前、研究生活を始めた当初に購入したある教育書の扉裏に「教育の立場より職業訓練を常に見直そう!!」と記していました。教育学で職業

訓練を整理すれば職業訓練の問題は解決できるのではないか、との素朴な思いを持っていたのです。しかし、研究を進めるほどわが国の教育学には裏切られるばかりでした。

教育の問題が分かるにつれわが国の教育を批判してきました。このような思考様式に至ったのは、私がこれまで携わってきた働く人のための職業訓練、職業能力開発の問題を考える立場にいたからです。

福沢諭吉が「教育ははなはだ穏当ならず。発育と称すべき」と主張した意味を再考すべき時が来ています。憲法改正が問題になっている今日、国民の権利条項を見直す好機となりました。憲法改正を目論んだ安倍総理は退陣を表明しましたが、憲法改正を党是としている自民党は政権党として続きそうですし、野党もより良い憲法改正は拒絶しないはずです。

ただ、その自民党の改正案では「教育を受ける権利」は温存されています。為政者には都合が良いからではないでしょうか。この自民党の「教育を受ける権利」の温存案を批判している論を知らないのは私だけでしょうか。教育学は「教育を受ける権利」を前提に構築されているので「教育を受ける権利」を否定する研究を期待できません。

このことは、教育を受ける当事者である国民が、自らの実感を主張しない限り国民の権利としての学習権の議論は俎上に乗らないことを示しています。本書を纏めたいと考えたきっかけは「はじめに」に紹介したNさんからメールを戴いたことでした。

11章で紹介した「サイレントマジョリティー」は次のように続きます。

どこかの国の大統領が言っていた(曲解して)
声をあげない者たちは賛成していると
選べることが大事なんだ人に任せるな
行動をしなければNoと伝わらない

真の国民主権のためには学習権である、との声を上げるべき時と思います。学習とは様々な材料の中から自らが学びたいことを選ぶことから始まります。

8章に紹介しましたが、かってアムネスティ・インターナショナル日本支部が「世界人権宣言」訳のコンテストを開き、"the right to education"を「日本の文部省は…市民の手に教育を返還しなければならない」との訳を紹介していました。これは、極めて適訳だと言えます。もう一歩深めて「市民の手に教育」は「市民の手に学習」とすべきでした。

ところで、本書はこれまでに私が知り得た「教育権」論に関するエッセンスと言えるものです。各章の主たる拙論・拙著は次に記すとおりです。また、関連する論文を「田中萬年の新ホームページ」にも揚げていますので、詳しくはそれらもご参照戴ければ幸いです。

1．「教育」は明治政府の官製語だった

『「教育」という過ち―生きるため・働くための「学習する権利」へ―』、批評社、二〇一七年。

2. 福沢諭吉は「発育」であるべきと主張した

3. ヘボンは「教育」を"education"としていなかった

『教育と学校をめぐる三大誤解』、学文社、二〇〇六年。

4. 片山潜が「教育を受ける権利」を言い出した

「職業訓練忌避観創生の背景と課題」、「田中萬年の新ホームページ」に登載（二〇二〇年八月一四日）。

5. GHQが参照した「憲法改正要綱」には「教育」は無かった

6. マッカーサー草案には「教育を受ける権利」は無かった

7. 佐々木惣一は「教育を受けるのは権利か」と質問した

8. 「世界人権宣言」は「教育を受ける権利」では無い

『働くための学習―「教育基本法」ではなく「学習基本法」を』、学文社、二〇〇七年。

9. 「教育権」等の創作で混乱させている

「迷走する「教育を受ける権利」論」、『現代の理論』デジタル版第2号（2014/8）。

10. マルクスの言説が創作され、批判されていない

「『教育権』論による職業教育訓練忌避観の生成」、二〇一九年日本産業教育学会発表配

布資料：「田中萬年の新ホームページ」に登載。
11．個性が無視され横並び人間観が醸成されている
『生きること・働くこと・学ぶこと』、技術と人間、二〇〇二年。
12．「普通教育」が信奉されている
「用語『普通教育』の生成と問題—『職業訓練忌避感』醸成の背景—」、『職業能力開発総合大学校紀要第39号Ｂ』、二〇一〇年三月。村瀬勉との共著。
13．職業・労働を忌避する教育観が醸成されている
『「職業教育」はなぜ根づかないのか—憲法・教育法のなかの職業・労働疎外—』、明石書店、二〇一三年。

本書で整理しましたように、「教育」と「教育を受ける権利」の問題を差し置いたまま、「教育は〃ゆとり〃か〃つめこみ〃か」とか、「教育は〃学力の向上〃か〃学ぶ態度の習得〃か」等の議論をしても何も解決しないだけでなく、問題が拡散するばかりであると言うことをご理解頂けたと思います。

ただ、その課題をわが国の既存の教育学のみで解くことは困難です。学校後の社会とのつながりを考究しない考察はこれまでの学校教育中心の狭い日本的教育学に終わると言えます。学校卒業後の社会で生きるために働くことと、即ち労働経済学等の研究に拠る労働・職業問題と

を総合的に観る立場からなされなければならないと言えます。

「教育を受ける権利」に代わる国民の権利は「学習する権利」、「学ぶ権利」であることは自明です。その保障のために為政者が行うことは「学習支援」となります。

「学習支援」とは「学習者の学習意欲に沿った学習者の潜在能力を〝発現〟できるように手助けすること」となるでしょう。政府と行政はこのような学習支援のあり方を追求すべきです。

なお、誤解の無いように述べさせて戴くと、日々奮闘しておられる真面目な教師が「教育」を意識していると言うのではありません。少なくない教師は「教育」を性善説で理解（誤解）し子ども達の成長を願い、上からの指示による教育の強制と対峙し、悩みながら学習支援をされているはずです。そのような実践は今後の糧として継承すべきと言えます。

生徒と向き合う実践の場面では「教育を受ける権利」の論理が入り込んではいない、と思います。だったら、「教育を受ける権利」を否定しなくても良いのではないか、とはならないことを本書では整理したつもりです。わが国の教育の政策は混乱し、文科省の指示は強圧的となり、真摯な教師が心身症になり（平成二七年度中に精神疾患のため退職した教員は合計六八七人）、子ども達の登校拒否が減らないからです。

困難な時代こそ不運者（社会的弱者）の権利が抑圧される問題が表面化します。コロナ禍の機を捉えて、「教育を受ける権利」に代わり学習権を主張することが重要だと思われます。

本書は「教育」と「教育を受ける権利」論を批判していますが、しかしながらこれまで私は多くの教育研究者にお世話になっており、その恩を仇で返すことになりました。特に、直接お世話になった木村力雄、佐々木輝雄、元木健、山崎昌甫、斉藤健次郎の各先生、また、様々な教育に関するご示唆を戴いた村瀬勉先生、そして、研究の精神の暗示と自由を保障して戴いた宗像元介先生にはご批判を頂くことでしょう。しかし、元木先生を除いて既に他界されました。何れ、再度お会いした時にご批判を頂くことになるでしょう。また、ご教示・ご支援、そして励ましを頂いたその他の多くの方に篤く御礼を申し上げます。

わが国の教育が国民一人一人の発達にとって真に有為な理念と制度に改革されることを祈念しています。

最後に、本書発行のために種々ご支援下さった檜岡芳行さんにお礼を申し上げます。

二〇二〇年九月　go　toトラベルに東京が加えられ問題になる日

田中　萬年

主な参考・引用文献（五〇音順。ただし、一度のみ記す。）

はじめに

・教育史学会『教育勅語の何が問題か』、岩波ブックレット、二〇一七年。
・小室直樹『日本国憲法の問題点』、集英社インターナショナル、二〇〇二年。
・佐藤幸治「憲法学を生きて」、『書斎の窓』、二〇〇一年九月。
・里見　実「社会とのつながりのなかで学ぶ、ということ」、『技術と人間』、二〇〇二年七月。
・野村正樹「近頃の都で流行る　奇妙な日本語」、『世界週報』、二〇〇七年一月二三日。
・三好信浩『産業教育学』、風間書房、二〇二〇年。

第一編

・青木恵一郎『日本教育外史』、同朋社、一九七七年。
・青木虹二『明治農民騒擾の年次的研究』、新生社、昭和四二年。
・青木虹二『大正期農民騒擾史料・年表』第一～三巻、巌南堂書店、昭和五二年。
・飛鳥井雅道『幸徳秋水』、中公新書、昭和四四年。
・岩波書店編集部編『教育をどうする』、一九九七年。
・内田　良『教育という病』、光文社新書、二〇一五年。
・永　六輔「『教育』は良くない」、『教育をどうする』、岩波書店、一九九七年。

・王　智新「中国における近代西洋教育思想の伝播と変容について（一）」、『宮崎公立大学人文学部紀要』第7巻第1号、一七九九年。
・大河内一男『幸徳秋水と片山潜』、講談社現代新書、一九七二年。
・大田　堯『教育とは何かを問いつづけて』、岩波新書、一九八三年。
・大田　堯「人間にとって教育とは何か」、総合人間学会編『自然と人間の破壊に抗して』、学文社、二〇〇八年。
・大田　堯『大田堯自撰集成1』、藤原書店、二〇一三年。
・海後宗臣・波多野完治・宮原誠一監修『近代日本教育論集』（全八巻）、国土社、一九七〇年。
・風早八十二『日本社会政策史』、日本評論社、昭和一二年。
・片山　潜『自伝』、岩波書店、昭和二九年。
・協調会『徒弟制度と技術教育』、昭和一一年。
・クライン孝子『もどかしい親と歯がゆい若者の国・日本』、祥伝社、一九九八年。
・幸徳伝次郎「貧民教育と小学教師の待遇と」、『日本之小学校教師』、明治三七年三月。
・幸徳秋水「工場法案要領」、『万朝報』、一九〇二年。『資料日本社会運動思想史』第6巻、青木書店　一九七一年所収。
・小林勝人『孟子（下）』、岩波文庫、一九七二年。
・佐藤学等『教育の再定義』、岩波書店、二〇一六年。
・里見　実『学校を非学校化する』、太郎次郎社、一九九四年。
・澤　和寿「工場法の制定過程に関する研究－教育条項を中心に－」、『技能と技術』一九七七年三号。

・塩田庄兵衛編『幸徳秋水の日記と書簡』増補・増補決定版、未來社、一九六五年・一九九〇年。
・下中彌三郎「学習権の主張」、『啓明』、一九二〇年二月号。
・下中弥三郎伝刊行会編『下中彌三郎事典』、平凡社、昭和四六年。
・下中彌三郎「教育の本義を問う」、『教育の世紀』、一九二六年。『近代日本教育論集』第八巻「教育学説の系譜」所収。
・鈴木安蔵「教育の中立性」、『教育評論』第二巻第一〇号、一九五三年。
・セレスタン・フレネ：宮ヶ谷徳三著訳『仕事の教育』、明治図書出版、一九八六年。
・田中萬年「"Education"は『教育』ではない」、『技能と技術』、一九九六年6号。
・田中萬年「木崎農民小学校の『非教育』の実践」、明治大学『社会教育主事課程年報No. 24』、二〇一五年三月。
・谷沢永一・渡部昇一『「広辞苑」の嘘』、光文社、二〇〇一年。
・調査立法考査局法律政治図書館第二課『日本国憲法制定経過目録（未定稿）』、昭和二九年。
・鶴見俊輔『教育再定義への試み』、岩波書店、一九九九年。
・永井憲一監修『教育条約集』、三省堂、一九八七年。
・原田伊織『知ってはいけない明治維新の真実』、SB新書、二〇二〇年。
・平田諭治『教育勅語国際関係史の研究』、風間書房、一九九七年。
・福田　弘『人権・平和教育のための資料集』、明石書店、二〇〇三年。
・副田義也『教育勅語の社会史』、有信堂高文社、一九九七年。
・二葉亭四迷『浮雲』、岩波文庫。（初版：明治二〇年）

・ヘボン『和英語林集成：初版・再版・三版対照総索引』全3巻、港の人、二〇〇〇〜一年。
・細谷俊夫『技術教育概論』、東京大学出版会、一九七八年。
・堀江貴文『すべての教育は「洗脳」である』、光文社新書、二〇一七年。
・丸木政臣『ひと』、太郎次郎社、一九九三年一・二月合併号。
・元木　健・田中萬年編著『非「教育」の論理』、明石書店、二〇〇九年。
・文部省『学制百年史』、ぎょうせい、昭和四七年。
・文部省実業学務局編『実業教育五十年史』、実業教育五十周年記念会、昭和九年。
・八木公生『天皇と日本の近代』、講談社現代新書、二〇〇一年。
・山住正巳『福沢諭吉教育論集』、岩波文庫、一九九一年。
・山住正己『教育勅語』、朝日選書、一九八〇年。
・吉田昌弘「文部省管轄の『学校』から『教育』への転換」、『教育学研究』78巻2号、二〇一一年。
・労働運動資料委員会編・隅谷三喜男解説『労働新聞社：労働世界』、中央公論事業出版社、昭和三五年。
引用ではルビを総て削除した。
・渡辺俊一「教育勅語と福沢諭吉」、『近代日本研究』第21巻、二〇〇五年。

第二編

・小田嶋隆『ポエムに万歳！』、新潮社、二〇一三年一二月。
・金子　勝「日本国憲法の間接的起草者、鈴木安蔵」、『立正法学論集』第39巻第1号、二〇〇五年九月。
・北　康利『白州次郎』、講談社、二〇〇五年。

・国立国会図書館ウェブ「日本国憲法の誕生」、http://www.ndl.go.jp/constitution/index.html。
・小西豊治『憲法「押しつけ」論の幻』、講談社現代新書、二〇〇六年。
・小林順子編著『21世紀を展望するフランス教育改革』、東信堂、一九九七年。
・佐々木輝雄職業教育論集第二巻『学校の職業教育』、多摩出版、昭和六二年。
・佐藤達夫『日本国憲法成立史』第二巻、有斐閣、昭和三九年。
・佐藤達夫・佐藤功『日本国憲法成立史』第三巻、有斐閣、平成六年。
・鈴木祥蔵「堀尾輝久『現代教育の思想と構造』」、『教育学研究第40巻第2号』、一九七三年六月。
・鈴木安蔵「民主主義日本建設の前提」、『新時代』第十二巻第十一号、昭和二〇年十一月。
・鈴木安蔵『憲法と民主主義』、光文社、昭和二一年。
・鈴木安蔵「新憲法草案（上・中・下）」、『東京新聞』、昭和二一年一月五・六・七日。
・鈴木安蔵「新憲法の論点と主体」、『真日本』創刊号、一九四六年四月。
・鈴木安蔵「民主々義の憲法化」、『協同民主主義』第二号、昭和二一年一月。
・鈴木安蔵『明治憲法と新憲法』、世界書院、一九四七年。
・鈴木安蔵「教育と教育基本法」、『社会評論』第五巻第二号、一九四八年。
・鈴木安蔵『歴史と政治』、実業の日本社、昭和二三年。本論は「新しい憲法と新しい人間」、『光』、第二巻第十二号、昭和二一年十二月を再掲したものである。
・鈴木安蔵「世界人権宣言の一考察」、『法律時報』、一九四九年。
・鈴木安蔵「はたして『押しつけられた憲法』か」、『憲法改正是か非か』、毎日新聞社、一九五六年。
・鈴木安蔵「憲法研究会の憲法草案起草および憲法制定会議提唱」、『愛知大学法経論集第28号』、昭和三四年。
・鈴木安蔵「教育の政治的中立と学問の自由」、鈴木安蔵・星野安三郎編著『学問の自由と教育権』、成文堂、一九六九年。
・鈴木安蔵『憲法制定前後』、青木書店、一九七七年。
・田中耕太郎「教育権の自然法的考察」、『法学協会雑誌』、一九五一年八月。
・田中萬年「これからの人間形成の法体系」、日本社会教育学会『教育法体系の改編と社会教育・生涯学習』、東洋館出版社、二〇一〇年。
・永井憲一監修『教育条約集』、三省堂、一九八七年。
・日本近代教育史事典編集委員会編『日本近代教育史事典』、平凡社、一九七一年。
・濱口桂一郎ブログ「EU労働法政策雑記帳」、二〇一四年四月一二日。
・濱口桂一郎『労働法政策』、ミネルヴァ書房、二〇〇四年。
・堀尾輝久「義務教育」、宗像誠也編著『教育基本法』、新評論社、初版：昭和四一年。
・堀尾輝久『現代教育の思想と構造―国民の教育権と教育の自由の確立のために―』、岩波書店、昭和四六年。同、岩波書店同時代ライブラリー、一九九二年。『構造』と言う。
・堀尾輝久「国民の学習権」、『現代と思想』、一九七三年第11号。
・堀尾輝久『教育基本法をどう読むか』、岩波ブックレット No48、一九八五年。『どう読むか』と言う。
・堀尾輝久・河内桃子編『平和・人権・環境教育国際資料集』、青木書店、一九九八年。
・堀尾輝久『いま、教育基本法を読む』、岩波書店、二〇〇二年。『いま読む』と言う。
・堀尾輝久「私の仕事」、東京大学大学院教育学研究室『研究室紀要』第32号、二〇〇六年。

・堀尾輝久「人権としての教育と国民の教育権」、『日本の科学者』、二〇一〇年三月。
・『マルクス・エンゲルス選集』第11巻、大月書店、一九五一年。『選集』と言う。
・矢川徳光編『マルクス=エンゲルス教育論』青木文庫、一九五六年。『論集』と言う。
・山住正巳・堀尾輝久『教育理念』、東京大学出版会、一九七六年。

第三編

・阿部正敏『新島襄のアメリカ滞在録』、大学教育出版、二〇〇七年。
・梅渓　昇『お雇い外国人⑪政治・法制』、鹿島研究所出版会、昭和四六年。
・大江健三郎『「自分の木」の下で』、朝日新聞社、二〇〇一年。
・大久保利謙編著『岩倉使節の研究』、宗高書房、昭和五一年。
・大久保利謙編〔近代日本教育資料叢書人物篇一〕『森有禮全集第三巻』、宣文堂書店、昭和四七年。
・大平光代『あなたはひとりじゃない』、光文社新書、二〇〇一年。
・岡田清和『岡田清和　はり絵の世界』、講談社、二〇〇〇年。
・尾高邦雄『職業社会学』第一分冊、福村書店、一九五三年。
・乙武匡洋『五体不満足』、講談社、一九九八年。
・菊池哲郎『イギリス　嫌らしくも羨ましい国』、講談社＋α文庫、二〇〇一年。
・木村力雄『学制に関する一考察』、職業訓練大学校調査研究報告書No. 13、昭和48年度。
・木村力雄『異文化遍歴者　森有礼』、福村出版、一九八六年。
・小林哲也解説・文部省編『理事功程』、臨川書店、昭和四九年。

・佐々木英一「ドイツ教育学における一般陶冶と職業陶冶の関係」、元木健・田中萬年編『非「教育」の論理』所収。
・佐々木輝雄職業教育論集第三巻『職業訓練の課題』、多摩出版、昭和六二年。
・資料日本社会運動思想史編纂委員会編『資料日本社会運動思想史』(全6巻)、青木書店、一九六八年。
・隅谷三喜男編『日本職業訓練発展史』(全3巻)、日本労働協会、一九七〇～七八年。
・竹内常一・高生研編『総合学習と学校づくり』、青木書店、二〇〇一年。
・竹内常一「『教育の目的』と『普通教育』」、『國學院大学教育学研究室紀要第37号』、二〇〇二年。
・田中　彰「『黒船』来航から岩倉使節団へ」、『日本近代思想体系1「開国」』、岩波書店、一九九一年。
・田中萬年『仕事を学ぶ－自己を確立するために－』、実践教育訓練研究協会、二〇〇四年。
・田中萬年『職業訓練原理』、職業訓練教材研究会、二〇〇六年。
・田中萬年『徒弟制度は人材育成の基本である』、全建総連ブックレット＜34＞、二〇〇六年。
・田中萬年・大木栄一編『働く人の学習論－生涯職業能力開発論－』、学文社、二〇〇七年。
・田中萬年「混迷の戦後職業訓練法制－労働権に逢着しない－」、龍谷大学『龍谷法学』第51巻第3号、二〇一九年二月。
・田中萬年「徒弟制度再考－修業の意義と日本的教育観による忌避」、明治大学『経営論集』第66巻第1号、二〇一九年三月。
・田中不二磨呂『理事功程』、明治五年。
・田中不二麻呂「教育瑣談」、大隈重信編『開国五十年史』、明治四〇年。
・玉川寛治「岩倉使節団が見たソルテア」、『技術と文明第18巻第2号』二〇一四年三月。

・『特命全権大使米欧回覧実記』（全5巻）、岩波文庫、一九七七年。『回覧実記』と略す。
・内閣府政策統括官『第6・7・8回世界青年意識調査報告書』、平成11・16・21年。
・新島襄編集委員会編『新島襄全集6』、同朋舎、一九八五年。
・野原香織「ボワソナードの雇傭契約論」（上・下）、明治大学『法学研究論集』第39・40号、二〇一三・二〇一四年。
・「普通教育」（全46巻）、金港堂、明治二二〜二四年。
・「普通教育全書」（全14巻）、博文館、明治二五〜二七年。
・本田由紀『教育の職業的意義』、ちくま新書、二〇〇九年。
・宗像元介『現代産業と職人』、技術と人間、一九九六年。
・村瀬寿代『新訳考証　日本のフルベッキ』、洋学堂書店、平成一五年。
・村瀬　勉・田中萬年「『米欧回覧実記』教育関連項目集成」、『職業能力開発総合大学校紀要』第37号B、二〇〇八年三月。
・文部科学省『平成三〇年度児童生徒の問題行動等生徒指導上の諸問題に関する調査』。
・山崎昌甫監『人材活用と企業内教育』、日本経済評論社、二〇〇〇年。
・ルソー著・今野一雄訳『エミール（上）』、岩波文庫、一九六二年版。

田中　萬年（たなか　かずとし）

一九四三年、旧満州国大連市生まれ。職業訓練大学校卒業、博士（学術）。職業能力開発総合大学校名誉教授。二〇一六～一九年日本産業教育学会（現日本職業教育学会）会長を担当。エルゴナジーを提唱。

著書に『職業訓練原理』、職業訓練教材研究会、二〇〇六年、『「職業教育」はなぜ根づかないのか』、明石書店、二〇一三年、『働くための学習』、学文社、二〇〇七年、『「教育」という過ち』、批評社、二〇一七年等。

論文に「徒弟制度再考」、明治大学『経営論集』第66巻第1号、二〇一九年三月等。

V2新書
奇妙な日本語「教育を受ける権利」
誕生・信奉と問題

二〇二〇年一〇月三〇日　初版第一刷発行
著者　田中 萬年
発行者　谷村 勇輔
発行所　株式会社ブイツーソリューション
〒四六六-〇八四八
名古屋市昭和区長戸町四-四〇
電話　〇五二-七九九-七三九一
ＦＡＸ　〇五二-七九九-七九八四
発売元　星雲社（共同出版社・流通責任出版社）
〒一一二-〇〇〇五
東京都文京区水道一-三-三〇
電話　〇三-三八六八-三二七五
ＦＡＸ　〇三-三八六八-六五八八
印刷所　モリモト印刷
万一、落丁乱丁のある場合は送料当社負担でお取替えいたします。
小社宛にお送りください。
定価はカバーに表示してあります。
©KazutoshiTanaka 2020 Printed in Japan
ISBN 978-4-434-28061-0